IMPROVING TEACHER DEVELOPMENT AND EVALUATION

如何促进教师发展与评价

一套精准提高
教师专业成长的 **马扎诺实操系统**

A MARZANO RESOURCES GUIDE TO INCREASED PROFESSIONAL GROWTH
THROUGH OBSERVATION AND REFLECTION

[美] 罗伯特·J. 马扎诺（Robert J. Marzano）
卡梅伦·L. 雷恩斯（Cameron L. Rains） 著
菲利普·B. 沃里克（Philip B. Warrick）

崔佳　张海燕　译

中国青年出版社

图书在版编目(CIP)数据

如何促进教师发展与评价：一套精准提高教师专业成长的马扎诺实操系统/(美)罗伯特·J.马扎诺，(美)卡梅伦·L.雷恩斯，(美)菲利普·B.沃里克著；崔佳，张海燕译.—北京：中国青年出版社，2024.3

书名原文：Improving Teacher Development and Evaluation (A Marzano Resources guide to increased professional growth through observation and reflection)

ISBN 978-7-5153-6691-3

Ⅰ.①如… Ⅱ.①罗… ②卡… ③菲… ④崔… ⑤张… Ⅲ.①师资培养 Ⅳ.①G451.2

中国国家版本馆CIP数据核字（2023）第254030号

Improving Teacher Development and Evaluation
Copyright 2021 Marzano Resources
Simplified Chinese translation copyright 2024 by China Youth Press.
All rights reserved.

如何促进教师发展与评价：
一套精准提高教师专业成长的马扎诺实操系统

作　　者：	［美］罗伯特·J.马扎诺　卡梅伦·L.雷恩斯　菲利普·B.沃里克
译　　者：	崔　佳　张海燕
责任编辑：	肖妩嫔
文字编辑：	段丽君
美术编辑：	张　艳
出　　版：	中国青年出版社
发　　行：	北京中青文化传媒有限公司
电　　话：	010-65511272 / 65516873
公司网址：	www.cyb.com.cn
购书网址：	zqwts.tmall.com
印　　刷：	大厂回族自治县益利印刷有限公司
版　　次：	2024年3月第1版
印　　次：	2024年3月第1次印刷
开　　本：	787mm×1092mm　　1/16
字　　数：	180千字
印　　张：	13.5
京权图字：	01-2021-1074
书　　号：	ISBN 978-7-5153-6691-3
定　　价：	59.90元

版权声明

未经出版人事先书面许可，对本出版物的任何部分不得以任何方式或途径复制或传播，包括但不限于复印、录制、录音，或通过任何数据库、在线信息、数字化产品或可检索的系统。

中青版图书，版权所有，盗版必究

引言
建立更好的教师发展与评价模式　005

第一部分　促进教师发展

第一章　专业技能　017
对经验型教师的常见误解 / 017
不同类型的练习 / 018
教育中的刻意练习 / 021

第二章　教学反思　024
应用教学模式 / 024
自我评价与目标设定 / 028
关注目标领域 / 038
内化教学模式 / 039
调整成长目标或设定新目标 / 042

第三章　教学督导　044
督导与评价的区别 / 045
督导流程 / 047
督导框架和方案 / 049
集中反馈 / 055

目录

　　教学观摩 / 057
　　督导管理 / 061

第二部分　改进教师评价

第四章　观察教学的误差　065
　　观察误差 / 065
　　观察误差的后果 / 072

第五章　成功课堂观察的原则　074
　　基于可测量观察类别的课堂观察 / 075
　　用连缀法概括教师能力 / 080
　　邀请教师提交非观察性证据 / 091
　　不断更新每位教师当前的等级水平 / 093
　　比较观察等级和自评等级 / 098
　　将评价等级诠释为教师能力指数 / 102

第六章　教师评价的新范式 / 105
　　课堂实践评级 / 106
　　基于学生成长的教师评价 / 112
　　汇总分数并记录关键决策 / 125

后记　127
附录A　NASOT模式中43个要素的教师自评量表　129
附录B　设计领域观察量表　178
附录C　教师反思追踪表　199
附录D　设计领域、观察类别和要素的追踪表　202

引言

本书面向教师、督导和教育领导者，他们有志趣将教师发展与教师评价的过程，在教师个体层面转化为推动教师发展的动力，并在学校层面转化为加强制度有效性的动力。

理想情况下，教育者应以内在共生关系来看待教师发展和教师评价这两个问题。教师评价向我们展示教师的优势领域，也阐明了其改进和提升的可能性。而就教师发展方面所做的努力则直接并积极地影响教师的教学技能，尤其在教师真正需要提升的领域。近些年，随着教师技能的持续发展，教师评价分数得以提高，教师队伍也得到整体改善。当然，教师技能的发展也直接促进了学生的学习。

提高教师技能可以促进学生学习，其背后的逻辑是不言而喻的。学生的知识获得与教师的品质素养直接相关。虽然多数人目前都很容易接受以上观点且不会提出任何质疑，但情况并非总是如此。

直到20世纪70年代，研究人员才开始认识到来自不同教师课堂的学生存在着巨大的成绩差异。之后几十年的研究则证实了"教师个体对学生的成绩有重要的影响"。其中，许多研究的研究者来自经济学领域。最终，这一系列研究推广了这样一种观念，即教师个体是决定学生成绩最重要的可变因素。

引言

教师发展、督导和评价简史

尽管一直没有很明确的说明，但是在美国，教师发展这个主题始终都是教育的构成部分。在美国教育早期，教师发展是教师督导工作中的一个隐性部分。从这个角度来说，教师发展工作可以向前追溯三个世纪。

在18世纪和19世纪早期，学校教育基本上是一种教会活动，因为当时学校与当地教会和社区紧密联系并受其控制。教师和学校管理者通常都是当地社区的神职人员，或是受神职人员监督的外行人。

当市区学校规模发展壮大且日趋复杂时，教学工作也随之变得更加复杂，首席教师开始承担督导的角色。到19世纪中期，在规模较大的学校里，首席教师转变成了管理者。此时，人们意识到教学技能的重要性，并开始将其作为有效教学的组成部分。

在19世纪晚期和20世纪早期，一种更加科学的教育方法开始盛行。人们认为，以科学为基础的管理策略可以应用到任何复杂的系统中，包括学校。作为科学管理学校的一部分，管理者向教师提供期望他们做或不做特定事情的反馈。随着工业革命的兴起，这种方法已在教师评价领域深深扎根。

早期的教师评价是一种"权威的、检查型的监督"（Glanz, 2018, p.7）。督导会在课堂上发现具体的教学要素，当要素没有出现时，督导就会去纠正教师。也许有人会认为，这种早期监督和评价采取的是纠错模式。督导审查是为了确定教师遗漏或做错的事情，并采取纠正措施。

现代督导模式的兴起

到20世纪中期，纠错模式已经衰落，取而代之的是一种互动性更强的方法。具体来说，在20世纪60年代晚期和70年代早期，"临床督导"是教师管理的主导模式。这种模式在以下两本书里得到详细阐述：罗伯特·古德海默的著作《临床督导：教师管理的专门方法》和莫瑞斯·科根的著作

《临床督导》(1973)[①]。临床督导模式阐明了教师与督导者之间高度合作的方法。古德海默(1969)确定了临床督导模式的5个步骤。

1. 预观察会议以安排观察活动
2. 观察活动
3. 从观察和分析中整理数据
4. 后观察会议以讨论和反思课程
5. 督导的案例分析

"临床督导"的目的是让教师和督导参与到促进教师发展的共同对话中来。尽管督导工作是重点,但是评估却是督导过程的总结。

这种方法的一个显性原则是,督导不应以任何先入为主的、有关优质教学的观念来进行督导或评价。正如爱德华·帕雅克所说,临床评价将会是一种"培养具有专业责任感的教师的工具,这些教师特别关注反思性问题的解决,从而能够分析自身的表现"。尽管临床督导模式的目的是通过督导和教师合作进行集体性、反思性对话来改善教学,但实际上,临床督导并没有发挥这样的作用。随着临床督导模式及其所包含的五个步骤的迅速传播,督导开始将这五个步骤本身视为评价过程的结果。只要完成这些步骤就意味着评价得当。这种现实状况与临床督导模式的开创者所设想的完全不同。尽管如此,临床督导五步骤持续地影响了许多常见评价过程的形成。

20世纪80年代,替代式督导和评估模式兴起,这其中包括指导、同伴互助和行动研究。艾伦·A.格拉索恩[②](1984)在他的《差异化督导》一书中提出,教师应该对自己的监督和评价有一定的控制权,并对自己的工作

---

① 罗伯特·古德海默(Robert Goldhammer)和莫瑞斯·科根(Morris Cogan),哈佛大学学者,最早提出教师"临床督导"(clinical supervision)理论。这一理论更关注于教师现场专业能力的评估,评价者与被评价者之间的沟通与对话,教师通过现场评估获得专业发展。
② 艾伦·A.格拉索恩(Allan A.Glatthorn),英文原书名 *Differentiated Supervision*。

引言

有发言权。另外，卡尔·D. 格利克曼[①]在他的《教学督导学：一种发展性视角》一书中提出，评估最重要的目标是帮助教师发展。这个时代以发展式督导著称。

20世纪80年代，玛德琳·亨特[②]提出了经典七步教学模式。具体步骤如下：

1. 预期设定
2. 陈述目标
3. 输入建模
4. 检查理解
5. 指导练习
6. 独立实践
7. 总结—结束—重启

这种课程设计的方法非常流行，并很快成为评价者在观察课堂时的参照内容。亨特的七步教学法是教育领域第一个被广泛使用的教学模式。

也正是在这个时候，督导更加明确地与评价相关联。到了20世纪90年代，教师评价已经变得公开，这在很大程度上归功于夏洛特·丹尼尔森的开创性著作《教学的框架：一个新教学体系的作用》[③]。丹尼尔森把教学框架和评估框架结合起来。该框架结构包括以下4个领域：

1. 教学计划和备课
2. 课堂环境
3. 课堂教学
4. 专业职责

---

① 卡尔·D. 格利克曼（Carl D.Glickman），英文原书名 Supervision of Instruction: A Developmental Approach，由中国人民大学出版社于2014年引进。
② 玛德琳·亨特（Madeline C. Hunter），教育家和心理学家，提出直接教学法（Direct Instruction）和本书中提到的课程设计模型（Madeline Hunter Lesson Plan Templete）。
③ 《教学的框架》，作者夏洛特·丹尼尔森（Charlotte Danielson），英文原书名 Enhancing Professional Practice: A Framework for Teaching，由中国轻工业出版社于2005年引进国内。

每个领域都有几个组成部分（总共76个）以及相应的、用以解释各组成部分的评价准则。该教学框架旨在成为捕捉教学复杂性的完整教学模式，使督导和评估过程能够阐明教师课堂实践的具体细节。

形式化的教师评价

尽管教师评价相关理论和模式已经相当成熟，但实际的评价过程却仍然是一个空洞的过程，并没有促进教师的发展。在新教师项目报告《小部件效应：我们国家未能对教师效能的差异采取行动》[①]中，这一论点得到了详尽阐述。该报告指出，美国教师评价系统未能识别和应对教师效能差异。该报告还强调了教师评价实践的实际内在动力，即"教师是可交换的部件"这一心照不宣的信念。这与评价领域现有的研究背道而驰。如前所述，教师之间的表现存在巨大差异，这导致了学生成绩的差异。而美国教师评价系统持有错误观念，认为教师可以互换使用，对学生没有明显的影响，"小部件效应"也因此得名，其前提假设是"教师就像小部件一样，可任意替换"。该报告严厉地批判了当时的评价系统，指出：

> "小部件效应"的根源在于教师评价系统未能提供有关教师效能的有意义的信息。从理论上讲，评价系统应该准确、一致地识别和衡量教师个体的优缺点，以使教师得到改进教学所需的反馈，并使学校能够确定如何最佳地分配资源和提供支持。而实际上，教师评价系统通过提供几乎不反映教师之间差异的绩效信息贬低了教学效果。在执行方面，制度化的冷漠使得这种根本性的失败对教师和学校产生了潜在的影响。结果是无视教师之间的重要差异：优秀得不到承认，发展得不到重视，差劲的表现得不到提升。

---

① 英文报告名 The Widget Effect: Our National Failure to Act on Differences in Teacher Effectiveness（Weisberg, Sexton, Mulhern, & Keeling, 2009）

作者发现：

> 在使用二元评价等级（一般为"满意"或"不满意"）的学区，超过99%的教师获得满意的评价。使用多元评价的学区效果稍微好一些，94%的教师获得了最高的两个评级等级之一，不到1%的教师被评为不满意。

"小部件效应"对教育者和非教育者感知教师监督和评价状况的影响不可小觑。很明显，大规模的变革势在必行。

报告中提出了4项建议：

1. 采用全面的绩效评价系统，根据教师在促进学生成绩方面的有效性，公平、准确、可信地区分教师。

2. 培训督导和其他评价者，保证他们有效使用教师绩效评价系统。

3. 将绩效评价系统与关键的人力资本政策和功能相结合，如教师分配、专业发展、薪酬、留用和解雇。

4. 采取解雇政策，为不称职教师提供退出学区的低风险选择，并建立公平而有效的正当程序制度。

"小部件效应"很快被广泛引述和使用。大约在同一时间，美国总统奥巴马发起了一项"力争上游"计划（Race to the Top, RTT, 2009），要求联邦政府对教师评价进行改革。

"力争上游"计划

2009年7月24日，奥巴马总统和教育部部长阿恩·邓肯宣布了一项43.5亿美元的拨款计划，称为"力争上游"计划。这笔拨款是《美国复苏与再投资法案》（应对2007—2008年的金融危机）的主要组成部分，旨在推动全国教育改革。它为那些愿意改革教师评价系统的州提供大量资金。为了获得资金，各州必须设计和执行新评价系统，其中包括两个组成部分：学生的学习成果和教师对专业标准的遵循程度。正如美国教育部文件《改革蓝图》（2010）所述："我们将提升教师专业度，以表彰、鼓励及奖励优秀教师为重点。我们呼吁各州和地区开发并实施教师和校长评价及支持系统。"该文件继续指出，新的评价系统必须能够根据教师的专业技能和学生的学业成长来区分教师。

"力争上游"计划有4个核心教育改革重点，分别是：

1. 制定标准和评价方法，使学生为大学或工作的成功做好准备，也为参与全球经济竞争做好准备。

2. 建立衡量学生成长和成功的数据系统，并告知教师和校长如何改进教学。

3. 招募、培养、奖励和留住有能力的教师和校长，尤其是在最需要他们的地方。

4. 扭转成绩最差的学校。（美国教育部，2009，第2页）

"力争上游"计划还需要全面的、州级的改革方法。这成为变革的催化剂，各州纷纷实施新的教师评价制度，以满足教学改革的重点，为获得联邦政府的资金做好准备。教师评价改革运动席卷全美并一直持续。2015年通过了《让每个学生成功法》，该法案赋予各州和学区更大自主权以实施地方改革。截至2016年，已有44个州实施了教师评价改革。

常见评估方法的问题

强调根据学生成长和遵守专业教学标准来评价教师，这并没有达到预期的效果。数据明显说明："力争上游"计划所提出的将教师评价作为教师和学校改进工具的美好愿景并没有实现。数据至少揭示了三个主要的问题领域。

第一个是高分和低分学生对课堂观察评分和教师的分类评价评分的不同影响。无论一个老师有得高分还是得低分的新生，似乎都会存在观察分数和整体评分的偏差。有高分学生的老师比有低分学生的老师得分更高。此外，这些分数差异"超出了可能归因于随时间推移而稳定下来的教师素养的差异"。

第二个是整体上缺乏可信的观察得分。这一点在比尔和梅琳达·盖茨基金会资助的一系列出版物中得到了解释,这一系列出版物统称为"有效教学措施"(第四章将深入探讨)。简单地说,研究人员发现,观察评分的信度很低(即没有准确且一致地衡量他们想要衡量的内容),这是由于存在多种类型的误差:没有对教师的全部教学策略进行抽样、对观察证据进行了错误分类、因为没有对整堂课进行观察而打分较低等。根据"力争上游"计划的倡议,观察数据研究的主要发现之一是:要想全面了解教师的教学实践,所需要的观察次数远远超过在教师评价过程中通常进行的观察次数。

第三个是增值测量[①](VAMs)的准确性。增值测量计算的是学生在特定课程从特定教师那里学到的东西。每个学生学到的知识量是用复杂的数学公式计算出来的,这些公式考虑了每个学生在开始接受教师的教学之前所掌握的知识。这些公式也会考虑诸如社会经济地位、家庭对学校教育的支持、学生参与教师课堂的时间等因素。当这些背景因素都被考虑在内时,剩下的就被认为是一个纯粹的衡量标准,衡量每个学生从一个特定教师那里学到了什么。

从表面上看,这似乎是一种简单易行的计算学生学习情况的方法,但仔细审查就能发现增值测量在性质和功能上的缺陷。罗伯特·J.马扎诺和米歇尔·托斯汇总了一些对增值测量的早期质疑,比如教师应用公式类型的差异可导致学生分数的显著差异。毫不夸张地说,一个公式可能会把教师归为高效教师,但另一个公式即使使用同一数据,也可能仅仅把他归为有效教师。只凭借评价系统中使用的公式,教师被归为有效或高效类,这可能意味着教师的工资水平、任期状况或以上两者都有差异。如果应用不同公式将教师归为需要改进或不满意类,可能会产生更严重的后果。

或许对VAMs最具挑衅性的批判来自玛丽安·比特勒、肖恩·科克伦、瑟斯顿·多米娜和艾米莉·彭纳(2019)[②],他们将VAMs衡量的教师效果变化与学生身高衡量的教师效果变化进行了比较。显然,教师无法控制学生

---

① 增值测量,英文缩写VAMs,Value-Added Measures,通过将学生在一段时间内,与同一抽样中其他学校的起点相似的学生相比,所取得的某方面或各方面的相对进步。
② 英文名 Marianne Bitler, Sean Corcoran, Thurston Domina, and Emily Penner(2019)

的身高，但研究人员却发现了具有统计学意义的结果，该结果表明"教师对学生身高的影响几乎与教师对数学和阅读成绩的影响一样大"。研究人员警告不要使用增值测量方法，指出：

> 总的来说，我们的结果为增值模型的使用和解释提供了警示，因为它们在实践中经常被使用。我们证明——仅仅出于偶然——教师的影响可能会相当大，甚至在那些看起来教师无法影响的结果上。

比特勒和她的同事们试图通过他们的研究表明一个观点：根据学生的增值测量分数得出的教师等级，在很大程度上可能是偶然变化的结果，而并不能反映学生的实际学习情况。

随着对评价模式开发、教师和评价者的专业发展、评估程序的数次立法修改等方面的时间投入，以及数十亿美元的改革资金投入，我们有理由提出一个有价值的问题：评估得到改进了吗？虽然在一些指标中可能有一些改善的痕迹，但整个系统似乎并没有明显更好地识别出差劲的教师。对这个问题最明确的答案可能来自马修·A. 克拉夫特和艾莉森·F. 吉尔摩（2017）[1]进行的一项研究，该研究汇总了参与实质性评价改革的24个州中教师的表现。该报告以"重新审视小部件效应：教师评价改革和教师有效性分布"为主题，发现新的评价体系"并没有导致教师绩效评分的有效性"。无论出于何种目的，小部件效应似乎在学校里依然活跃。

本书使用方法

反思这篇引言中引用的研究，很容易使人摒弃教师评价助力教师发展从而培养更好的教师和创造教育系统的光明前景的做法。虽然"力争上游"计划带来的改革运动失败了，但我们相信，教育工作者可以从这一运动中学习，并建立可显著改善先前评价方法的新一代评价系统。这就是本书的目的。

---

[1] 英文名 Matthew A. Kraft and Allison F.Gilmour（2017）

为此，我们将本书的其余章节分为两部分：(1)促进教师发展;(2)改进教师评价。在第一部分，关于教师发展，读者将会看到关于专业技能本质的详细讨论（第一章），以及如何通过教师自我反思（第二章）和针对性督导（第三章）来发展教师专业技能。由此开始建立一个系统，以系统化、个性化、有意义的方式发展每个教师的专业技能。

在第二部分，关于教师评价，读者将会看到对课堂观察所存在的内在问题的讨论（第四章），以及解决这些问题的具体方法（第五章）。本部分还包括生成可信、有效教师评价等级分数的具体步骤，以及如何使用它们改进教师队伍（第六章）。

·第一部分·

促进教师发展

第一章　专业技能

要改善K-12教育中的教师发展进程，必须了解专业技能的本质以及如何获取专业技能。教师及其他专业人员必须经历相当长的时间才能使专业技能得到发展。光靠时间也不够，专业技能还需要有效的练习，而教育中经常缺失这种针对性的有效练习。新教师在职业生涯之初专业技能提升迅速，但这也仅仅是重复活动和接触新环境的作用。一旦新手效应逐渐减弱，传统的教师发展体系就无法支持教师持续成长。本章将提供关于教学专业技能的另一种观点，分别从三个方面来阐述：纠正对经验型教师的误解；解释不同类型的练习；介绍教育中的刻意练习。

对经验型教师的常见误解

通常人们普遍认为，在教学的最初几年，教师的进步很快。然而，关于在这几年过后教师还能否继续进步，人们的观点却存在分歧。多项研究表明，在5年左右的教学生涯之后，教师的专业技能趋于稳定。自20世纪初期以来，其中一些研究受到了质疑。具体来说，塔拉·基尼和安妮·波多尔斯基（2016）认为，这些研究只比较了不同职业生涯阶段的不同教师在学生成绩方面的差异，而未从与自身表现相比较的视角考虑教师个体随时间推移所获得的成长（即固定效应）。

基尼和波多尔斯基（2016）引用了多项研究表明，教师个体在职业生涯中确实在不断成长。此外，安妮·波多尔斯基、塔拉·基尼和琳达·达林·汉蒙德（2019）回顾了美国关于教学经验和专业技能的研究发现，当研究人员使用固定效应分析（即从与自身表现相比较的视角考虑教师个体随时间推移所获得的成长）时，结果表明教师在其职业生涯中会不断地取得进步。他们得出的结论是，经验丰富的教师一旦具备了全面把控教学过程的能力，就能够在其整个职业生涯中对学生的课堂成就产生积极的影响。

虽然这项研究不能确定教师的专业技能在职业生涯的头5年后是真的趋于稳定，还是会有些许的提高，但可以肯定的是，传统教师发展体系和制度并不能有效地培养专家型教师。事实上，如果教师在5年后教学技能趋于稳定而得不到发展，这更可能与教师发展体系的缺陷有关，而非教师个体特性决定的。至于为何教师在5年教学经历之后会停滞不前，我们与美国各地的教育工作者进行了多轮探讨，得出以下观点：

1. 经验不足、年龄小的教师有积极进取的态度。
2. 经验较丰富的教师无须证明自己。
3. 经验较丰富的教师因职业倦怠而停止成长。
4. 经验不足的教师因不满意当前职位而愿意更努力工作。

而我们对教师的了解与这些观点大相径庭。我们曾与许多经验丰富又有进取心的教师、经验不足但积极进取的青年老师一起共事过。许多经验丰富的教师仍在努力提升自己和改善教学，他们一直在努力钻研自己的教学技能。与经验丰富的教师相比，经验不足的教师的职业倦怠似乎同样存在，甚至更为普遍。

我们相信，无论当前专业技能水平或教学经验如何，所有教师都可以提高他们的教学技能。即使教师的成长在5年后真的趋于平缓，我们也相信这一趋势是可以缓解的。然而，要做到这一点，教师个体和他们所在的学校系统必须认识到不同类型练习的价值，并相应地运用这些练习。

不同类型的练习

对专业技能研究的分析揭示了教师成长和发展的关键阶段和行动，特别是在快速成长的初始阶段结束之后的发展阶段和行动。我们非常信赖安德斯·艾利克森的研究。艾利克森是佛罗里达州立大学心理学教授，被公认为世界一流的人类行为和专业技能的研究学者之一，也是"刻意练习"法则创研者。40多年来，他研究各类专家以及他们获得专业技能的方式。这项研究促使他数十年来调研和分析了多个领域的专家，并描绘出他们的成功之路。艾利克森的作品被广泛引用、采纳和改编，其中包括马尔科姆·格拉德威尔在中国已出版的《异类：不一样的成功启示录》[①]一书。

在《刻意练习：如何从新手到大师》[②]中，作者安德斯·艾利克森和罗伯特·普尔着重介绍了三种类型的练习：天真的练习、有目的的练习和刻意练习。这些练习会使专业技能得到不同程度的提高。

天真的练习

根据艾利克森和普尔（2017）的研究，所谓天真的练习，就是反复地练习或做某件事情，并期望自己会做得更好。当你从未接触过或不熟悉正在练习的技能时，这种方法就能起作用。例如，本书的几位作者都不会拉小提琴。如果我们都拿起小提琴，开始狂热地练习，我们一定会有所进步。对于学习全新技能来说，这是有效的方法。天真的练习只能暂时起作用，直到获得足够的技巧以达到稳定状态为止。这是艾利克森对"异类"和所谓"一万小时定律"最大的批判之一。

一万小时天真的练习不会使任何人成为专家。就教学而言，天真的练习对从未教过书的人（也就是说，刚刚开始从事教学的教师）是有效的。而我们教育中的问题是，教师从事的所有练习几乎都是天真的练习。一个

[①] 格拉德威尔在《异类》中提到，"人们眼中的天才之所以卓越非凡，并非天资超人一等，而是付出了持续不断的努力。1万小时的锤炼是任何人从平凡变成世界级大师的必要条件"。
[②] 《刻意练习：如何从新手到大师》，作者安德斯·艾利克森（Anders Ericsson），罗伯特·普尔（Robert Pool），英文原书名 *Peak: Secrets from the New*，由机械工业出版社于2016年引进并出版。

人不可能通过持续进行天真的练习来发展专业技能。如果教师在5年后确实到了一个停滞期，这可能就是一个主要原因。为了克服这种停滞期（如果确实存在的话），教师需要进行有目的的练习，最好还要进行刻意练习。

有目的的练习

根据艾利克森和普尔的观点，有目的的练习需满足以下4个标准：

1. 设定明确具体的目标
2. 保持专注
3. 接收反馈
4. 走出舒适区

教师可以在学校进行有目的的练习，尽管学校现有的体系和制度不一定支持或鼓励这种练习。例如，通常教师会从督导那里得到关于他们总体教学的反馈，但还有许多教师一整年都没有得到一个明确的、具体的反馈。即便督导确实针对具体目标给出了反馈，其频率也仅为每学年几次。此外，当有目的的练习与教师评价系统联系在一起时，教师知道自己正在被评价，所以他就会人为设计其练习过程。这就导致教师为了获得比较高的评价等级去选择可以轻松实现的目标，而并非他们真正需要达成的目标。如果以教学专业技能的成长和发展为目标，这还远远不够好。我们在后续章节中会解释这些问题的解决方案。

有目的的练习可以使人持续改进，超越天真的练习所能达到的程度，但它仍然有局限性。专业技能发展的最佳方法——实际上也是所有领域专家必不可少的发展方法——是多年的大量刻意练习。

刻意练习

刻意练习包含有目的的练习的四个标准，但也有一些其他特征。艾利克森和普尔认为：

1. 刻意练习发展的技能，是其他人已经想出怎样提高的技能，也是已经拥有一整套行之有效的训练方法的技能。训练的方案应当由教师或教练来设计和监管，他们熟悉杰出人物的能力以及如何培养那些能力。

2. 刻意练习发生在人们的舒适区之外，要求学生不断地尝试那些刚好超出他当前能力范围的事物。

3. 刻意练习包含明确具体的目标，其目的不是取得一些模糊的整体改善。

4. 刻意练习需要人们全神贯注和有意识的行动。仅仅遵循教师或教练的指示是不够的。

5. 刻意练习包含反馈及根据反馈所作出的调整。在训练初期，大量反馈来自教师或教练，他们监控进度，指出问题并提供解决问题的方法。随着时间的推移和经验的积累，学生必须学会自我监控、发现错误，并做出相应调整。

6. 刻意练习产生并依赖于有效的心理表征。提高表现水平与改善心理表征是相辅相成的；表现水平提高了，表征就变得更加详尽有效，进而有可能进一步提高。

7. 刻意练习关注并努力提高已掌握技能的特定方面，从而建立或修正这些技能；随着时间的推移，这种循序渐进的改进就会造就卓越的表现。

通过对练习的研究，我们认为，每一所学校或学校系统都应该设定这样的终极目标——将刻意练习作为教师成长的标准方法。

教育中的刻意练习

实施刻意练习和建构刻意练习的系统均需要规划和支持。我们建议学校和学区采取以下6个步骤。

1. 开发或采用一种基于验证性教学方法的教学模式，如《新教学艺术与科学》。①

---

① 《新教学艺术与科学》，作者罗伯特·J.马扎诺（Robert J.Marzano），英文原书名 *The New Art and Science of Teaching*，由福建教育出版社2018年出版。

2. 让教师依据教学模式进行自我评价，并针对2—3个有提升可能的教学要素设定成长目标。确保这些要素及相关策略超出了教师的现有技能水平，或者略超出教师的舒适区。

3. 让教师集中关注成长目标领域。具体包括记录进步、记录尝试的策略和效果、保存随时间推移而改进的具体证据（如练习作品），以及对持续成长和发展进行反思。

4. 教学督导向教师提供有关成长目标领域的持续反馈。这些督导对教师正在努力提升的教学要素有更好的理解和表现。随着时间的推移，帮助教师调整他们的练习，以确保他们在所选定的要素上得到持续改进。

5. 确保教师内化了教学模式。它应该成为卓越教学的心理表征。

6. 随着时间的推移，让教师改变和调整他们的目标，使其致力于教学模式的整体改进。

这些行动步骤对改进整个学校或学区的教师队伍水平是有效的，对改进教师个体水平也是有效的。反复实践这些步骤，久而久之，终将促进教师的成长和发展。依据艾利克森围绕专业技能发展所做的研究，我们可以合理地得出结论：如果不按照以上步骤进行刻意练习，教师几乎不可能成为真正的教学专家。

实际上，这意味着要发展教学专业技能，教师必须内化理解一个完整的教学模式，据其进行自我评价，设定期望改进领域的成长目标，在这些目标领域努力改进，接受反馈并采取行动，并在整个职业生涯中不断重复这一过程。我们将在第二章和第三章中详细介绍每个步骤。

每章小结

本章讨论了专业技能的本质，因为只有先了解专业技能，才能设计出帮助教师达到专业技能水平的系统。传统教师发展策略组织混乱且无效。

很多时候，教师成长仅仅是课堂上的偶然事件，这就使人们错误地认为经验丰富的教师不会得到成长。事实上，通过应用专业技能的相关研究，所有教师都可以在整个职业生涯中有所成长和进步。专业技能的发展需要刻意练习，而不是天真的练习或有目的的练习，这是学校和学区需要了解并接受的有关专业技能研究的最重要内容。

刻意练习远远不只是长期从事教学那么简单。刻意练习是通往卓越教学的必由之路，模式、目标、专注和反馈是刻意练习的关键要素。在下一章中，我们将从反思和个体活动两个方面进一步讨论教师发展问题。

第二章　教学反思

上一章概述了教师发展的6个行动步骤，本章将具体论述其中5个。

1. 应用教学模式
2. 自我评价和设定目标
3. 聚焦目标领域
4. 教学模式内化
5. 调整成长目标或设定新目标

本章不探讨教学督导，因为督导工作本身比较复杂，由多个人参与才能完成，我们将在下一章集中讨论这个话题。

本章中基于反思的5个行动步骤是面向教师个体的。如果学校没有正式的教师发展中心，教师可以自行实施本章所提的建议。督导和学校领导者也可以参照本章内容支持教师的自我反思和成长。

应用教学模式

教学模式是发展教师专业技能的基础。教学模式是教师个体、学校或学区界定的优质教学模型。它是由有效教学的全部要素构成的一个整体框架。如果教师要设定有意义的目标，专注于这些目标并根据相应的反馈调整目标，那么他就必须以某个教学模式作为参照。这种模式至少是教师个体对优质教学的一种概念认知；不过，这种模式最好是规范化、文档化且共享的。如果没有明确界定优质教学，那么教师只能靠猜测决定应该怎么做。

经验肯定会影响教师对有效教学组成的看法。学校或学区的发展模式也会对其产生影响。如果学校或学区明确界定了有效教学模式,那教师可以直接采用这种模式作为他们成长的起点。如果学校或学区没有明确界定的教学模式,那教师可有以下3种选择:

1. 依照自己的教学经验和阅读过的研究成果,教师自行开发一种优质教学模式。

2. 直接采用已有教学模式,如丹尼尔森(1996)的《教学的框架》、马扎诺(2017)的《新教学艺术与科学》中所述模式,或基于研究和证据的其他模式。

3. 对已有教学模式进行修改。

显然,这些方法需要不同程度的努力,其中,自行开发教学模式需要付出的知识和精力最多,而采用已有模式所需要付出的最少。

还需注意的是,自行开发教学模式存在一定的内在风险。它通常需要教师投入过多的精力,倘若此模式与经过效度检验的有效教学成分没有太大联系,那么这种模式就不能促进教师专业教学技能的提升。此外,一个教学模式必须能够体现出专家型教师专业素养的微妙之处。根据我们的经验,教师个体开发的教学模式往往不够详细或全面,因而无法作为发展专业技能的基础。

无论教师决定采取哪种方法,应用教学模式都是教师专业技能发展的必要步骤。我们向教师推荐《新教学艺术与科学》中所述教学模式。如表2.1所示,该教学模式有3个主要类别、10个设计领域(或重点领域)和43个有效教学组成要素。

有关该教学模式及具体细节的详尽阐释,请查阅《新教学艺术与科学》。简单来说,该模式总体结构有3个主要类别:反馈、内容和情境。每个主要类别都包含各自的设计领域,总共10个。

"反馈"包括2个设计领域:

1. 明确学习目标

2. 实施教学评估

"内容"包括4个设计领域：

3. 开展直导教学

4. 积极练习与拓展

5. 灵活应用知识

6. 善用教学策略

"情境"也包括4个设计领域：

7. 鼓励学生参与

8. 贯彻规则和程序

9. 建立良好关系

10. 寄予学习期望

这10个设计领域各自都包含基于研究的有效教学要素，总共有43个要素（在《新教学艺术与科学》一书中有对该教学模式的详细阐述）。该教学模式的最底层（表2.1中未显示）是与43个要素中每个要素相关的具体教学策略。该模式为教师提供了300多种教学策略，以帮助教师达成教学要素的预期使用效果。教师对该模式中的策略逐渐熟悉之后，就可以根据自己课堂具体情况自行调整策略的使用。图2.1展示了以上层次结构。

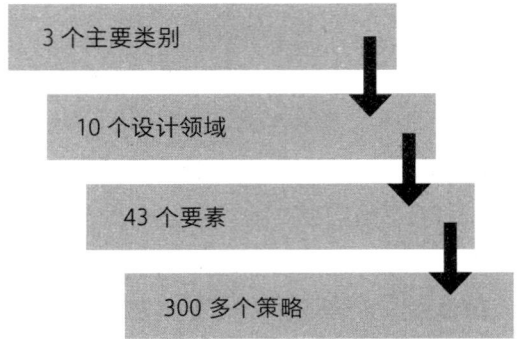

图2.1 《新教学艺术与科学》教学模式层次体系

表2.1 《新教学艺术与科学》教学模式

主要类别	设计领域	要素
反馈	一、明确学习目标	1.提供评分量表和量规
		2.追踪学生进步
		3.赞扬学生成功
	二、实施教学评估	4.对全班进行非正式评估
		5.对学生个体进行正式评估
内容	三、开展直导教学	6.将教学内容分块
		7.教学内容多样化加工
		8.记录和表征教学内容
	四、积极练习/拓展	9.运用结构化练习时段
		10.区分异同
		11.检查推理错误
	五、灵活应用知识	12.鼓励学生参与认知复杂的任务
		13.提供资源和指导
		14.生成与维护主张
	六、善用教学策略	15.预习策略
		16.突出关键信息
		17.复习相关内容
		18.完善知识
		19.反思学习
		20.精心布置家庭作业
		21.精细加工知识
		22.组织学生互动
情境	七、鼓励学生参与	23.提醒学生注意参与课堂学习
		24.增强学生反应率
		25.利用身体运动
		26.保持有活力的节奏
		27.全情投入教学
		28.呈现不寻常的信息
		29.运用友好论辩
		30.运用学习游戏
		31.提供机会让学生述说
		32.激励和鼓舞学生

（续表）

主要类别	设计领域	要素
情境	八、贯彻规则/程序	33.建立规则和程序
		34.合理安排教室物理布局
		35.审时度势控全局
		36.鼓励遵守规则和程序
		37.制止不遵守规则和程序的行为
	九、建立良好关系	38.运用言语和非言语行为对学生表达喜爱
		39.理解学生的背景和兴趣
		40.展现客观公正和自我控制力
	十、寄予学习期望	41.看到被动学习者的长处并对其表示尊重
		42.对被动学习者深入提问
		43.与被动学习者一起探查不正确答案

资料来源：©2021，罗伯特·J.马扎诺。

方便起见，在接下来的篇章中，我们将《新教学艺术与科学》中所述模式简称为NASOT模式[1]。NASOT模式与其他现有教学模式的最大区别在于，它关注教学策略和教学要素如何影响学生。其他教学模式几乎都在关注教师的教学行为，而NASOT模式虽然也关注教师行为，但它又强调若使教学策略和教学要素达到预期效果，学生应该有何种反应，这就使教学更加深入。学生的学习证据展示了学生进入高阶学习的先决条件。关注学生的学习证据，以此提高教师在课堂上实时监控教学结果的意识和能力。

自我评价与目标设定

确定了教学模式之后，教师刻意练习的下一步就是自我评价和目标设定。自我评价是一个反思的过程，教师结合教学模式中的各个要素来审视自身的教学。教师对照每个教学要素，分别给自己评分，从而准确描述自己当前的表现，也为教学改进设定了基础分。根据当前的分值，教师可以

---

[1] NASOT模式，即New Art /Science of Teaching，源自《新教学艺术与科学》一书。

在特定教学要素上为自己设定一个明确的成长目标。自我评价和目标设定并不难理解，然而，对教师而言，严格而准确地评价自身表现着实不易。因此，我们接下来将提供一个自我评价方案并展示设定关键成长目标的过程。

自我评价方案

一般来说，我们建议教师每年至少对照整个教学模式进行一次自我评价。自评时要对照教学模式中的每个要素一一进行评价。教师在设定目标之前，先进行自我评价，评价的是他们当前教学实践的总体情况，而不是某一节课或一节课的某一部分。教师的教学表现不是固定的。换言之，教师在课堂上的教学表现每时每刻都在变化。如果我们以分钟为单位给教师教学打分，那么即使同一教学要素在几分钟之内的评分也是不同的。这很正常，也可以理解。因此，教师在自我评价时，应该从整体上反思自己的日常教学。教师可以参照NASOT模型43个元素中的反思问题（详见附录A）。

1. 我通常如何提供量表和量规？
2. 我通常如何追踪学生的进步？
3. 我通常如何赞扬学生的成功？
4. 我通常如何对全班进行非正式评估？
5. 我通常如何对个体学生进行正式评估？
6. 我通常如何做才能把内容分成简明易懂的片段？
7. 我通常如何让学生参与加工处理内容？
8. 我通常如何让学生记录和表征知识？
9. 我通常如何让学生参与结构化练习？
10. 我通常如何做来让学生区分异同？
11. 我通常如何要求学生检查推理中的错误？
12. 我通常如何使学生参与认知复杂的任务？

13. 我通常如何为认知复杂的任务提供资源和指导？
14. 我通常如何让学生参与到要求其生成并维护自己主张的活动中？
15. 我通常如何帮助学生预习和联系新知识？
16. 我通常如何突出关键信息？
17. 我通常如何帮助学生复习内容？
18. 我通常如何帮助学生完善知识？
19. 我通常如何帮助学生对学习进行反思？
20. 我通常如何精心布置家庭作业？
21. 我通常如何要求学生精细加工知识？
22. 我通常如何组织学生互动？
23. 我通常如何提醒学生注意参与课堂学习？
24. 我通常如何增强学生反应率？
25. 我通常如何利用身体运动？
26. 我通常如何保持有活力的节奏？
27. 我通常如何做到全情投入教学？
28. 我通常如何呈现不寻常的信息？
29. 我通常如何运用友好论辩？
30. 我通常如何运用学习游戏？
31. 我通常如何提供机会让学生述说？
32. 我通常如何激励和鼓舞学生？
33. 我通常如何制定规则和程序？
34. 我通常如何合理安排教室物理布局？
35. 我通常如何审时度势掌控全局？
36. 我通常如何鼓励遵守规则和程序？
37. 我通常如何制止不遵守规则和程序的行为？
38. 我通常如何使用言语和非言语行为对学生表达喜爱之情？
39. 我通常如何理解学生的背景和兴趣？
40. 我通常如何展现客观公正和自我控制力？

41. 我通常如何看到被动学习者的长处并对其表示尊重？
42. 我通常如何向被动学习者深入提问？
43. 我通常如何与被动学习者一起探查不正确答案？

然而，教师的自我反思与分析远不止于此。相反，教师应该从反思问题发展到针对每个要素的循证方案，以尽可能严格地确定当前自己在每个教学要素上的表现水平。

为了确保自我评价与目标设定的有效性，必须向教师提供代表每个要素中技能连续性的、高度具体的评价量表或量规。自2010年以来，我们开发的量表已被广泛采用。附录A提供了NASOT模式中43个要素的量表。图2.2显示了教学要素6"将教学内容分块"的量表。

4 创新	除了等级3（应用）中的表现外，我还识别出没有表现出与"将教学内容分块"相关预期效果的学生。我调整教学行为并创建新策略以满足他们的特殊需求和情境。
3 应用	我使用了与"将教学内容分块"相关的教学策略和行为，且无重大错误或疏漏，多数学生表现出与"将教学内容分块"相关的预期行为和理解。
2 发展	我使用了与"将教学内容分块"相关的教学策略和行为，且无重大错误或疏漏，并且我了解与"将教学内容分块"相关的重要信息。
1 起始	我使用了与"将教学内容分块"相关的教学行为，但出现重大错误或疏漏。
0 不使用	我未使用与"将教学内容分块"相关的教学策略和行为。

图2.2 教学要素6（将教学内容分块）的自我反思量表

自我反思量表以0到4为单位递增。不使用水平（0）意味着教师即使需要用到这些教学要素时也没有使用。起始水平（1）意味着教师试图使用教学元素，但出现重大错误。发展水平（2）是指教师正确无误地执行与教学要素相关的教学。应用水平（3）是指教师正确无误地使用教学要素并监控其结果，以确保课堂上超过一半的学生表现出该教学要素对应策略的预期效果。创新水平（4）意味着教师能识别出没有达到预期效果的学生，并

• 第一部分 • 促进教师发展

调整教学以满足他们的特殊需求。

当然，要准确填写自我反思量表，教师必须了解无重大错误或疏漏地使用特定策略意味着什么（发展水平），以及学生证据是什么样的（应用水平）。为此，附录A还列出了每个教学要素的教师和学生证据。表2.2列出了教学要素6"将教学内容分块"中的教师证据和学生证据。

表2.2 教学要素6（将教学内容分块）的教师证据和学生证据

	教师证据	学生证据
行为	• 我系统地使用预评估数据来设计组块。 • 根据学生最初对新内容的理解，我系统地以适当大小的组块来展示新内容。 • 我系统地让学生分组协作来加工我所教的知识组块。 • 我系统地展示新的陈述性知识，并确保这些知识组块由逻辑一致的概念和细节组成。 • 我系统地展示新的程序性知识，并确保这些知识组块由形成这一过程的步骤组成。	• 学生通常积极加工组块之间的内容。 • 学生通常似乎理解每个组块的内容。
理解	• 我完全理解"将教学内容分块"在促进学生学习方面的意义。 • 我完全理解在课堂上使用"将教学内容分块"的各种方法。	• 学生能解释在新内容的讲解过程中，教师为何在特定节点停下来。 • 学生能确定"将教学内容分块"对他们是否有效。

请注意，表2.2中的"教师证据"提供了教师若自评为发展水平（2）需在课堂上采取的教师行为。对教学要素6"将教学内容分块"而言，教师行为具体如下：

- 使用预评估数据设计组块。
- 根据学生最初对新内容的理解，以适当大小的组块来展示新内容。
- 让学生分组协作来加工所教的知识组块。
- 当展示新的陈述性知识时，确保这些知识组块由逻辑一致的概念和细节组成。
- 当展示新的程序性知识时，确保这些知识组块由这一过程中的各个步骤组成。

表2.2中的"教师证据"也提供了在发展水平（2）上教师应理解的内容。对教学要素6"将教学内容分块"而言，教师理解具体如下：

- "将教学内容分块"在促进学生学习方面的意义。
- 在课堂上使用"将教学内容分块"的各种方法。

此外，表2.2中的学生证据提供了教师若自评为应用水平（3），学生应该表现出的预期行为类型。对教学要素6"将教学内容分块"而言，学生行为如下：

- 积极加工组块之间的内容。
- 基本理解每个组块的内容。

最后，表2.2中的学生证据还包括学生应表现出的理解类型：

- 解释在新内容的讲解过程中为何教师在特定节点停下来。
- 确定"将教学内容分块"对他们是否有效。

教师证据和学生证据所代表的特定水平有助于教师准确地评价自己。此外，它还为进一步持续改进提供更清晰的步骤。在我们研究教师对NASOT模式中各种要素的运用时发现，由于教师对这些要素缺乏具体的认识而影响了改进。例如，当我们询问一屋子的教师是否将教学内容分块的时候，所有人都举起手来，表示他们都这样做。有效的教学不仅仅是要利用教学要素，更重要的是对教学要素的利用程度。如果我们换一种方式来问"你在课堂上使用'将教学内容分块'策略的效率如何？""你是怎么知道的？"，那么教育工作者就需要依照表2.2中所列证据来有效回答以上问题。这时就很有必要了解什么是"将教学内容分块"的有效策略。

教师对自我评价的要求越严格，他们发展专业技能的努力就越有效。如果一个教师高估自己的教学能力，他将无法获得有建设性意义的成长。在本书的第二部分"改进教师评价"中，我们将深入探讨教师高估自己的问题。当教师以一般方法应用评分量表时，就会出现这种情况。就教师自我评价而言，教师会宽泛地感知自己对于某一特定要素所做的教学实践，然后尝试将这种感知行为反映到量表上。正如我们将要在第四章中讨论的，

• 第一部分 • 促进教师发展

使用这种方法的教师逐渐脱离对量表中的标准的依赖，并形成他们自己对这5个水平阶段的相对模糊认识：不使用（0）、起始（1）、发展（2）、应用（3）和创新（4）。

为了削弱这种趋势，我们为43个要素的每个量表制定了一个决策方案。决策方案的设计是为了使应用它的教师充分考虑量表中所描述能力的所有方面。值得注意的是，本书中所述决策方案取代了自2011年以来之前著作（如《如何成为一名反思型教师》[①]）中提出的量表。我们相信，当教师按照决策方案去评价时，就会进行更严格细致的自我分析。图2.3展示了教学要素6"将教学内容分块"的决策方案。

步骤	等级	描述	说明
C	4 创新	除了等级3（应用）中的表现外，我还识别出没有表现出与"将教学内容分块"相关预期效果的学生。我调整教学行为，并创建新策略以满足他们的特殊需求和情境。	若是，等级4 若否，等级3
B	3 应用	我使用了与"将教学内容分块"相关的教学策略和行为，且无重大错误或疏漏，多数学生表现出与"将教学内容分块"相关的预期行为和理解。	若是，到步骤C 若否，等级2
A	2 发展	我使用了与"将教学内容分块"相关的教学策略和行为，且无重大错误或疏漏，并且我了解与"将教学内容分块"相关的重要信息。	若是，到步骤B 若否，到步骤D
D	1 起始	我使用了与"将教学内容分块"相关的教学策略和行为，但是出现重大错误或疏漏。	若是，等级1 若否，等级0
	0 不使用	我未使用与"将教学内容分块"相关的教学策略和行为。	

图2.3 教学要素6"将教学内容分块"的决策方案

每个决策方案都包含四个步骤，标记为A到D。决策方案的关键点是它

[①]《如何成为一名反思型教师》，作者罗伯特·J. 马扎诺（Robert J.Marzano），英文原书名 Becoming a Reflective Teacher。

指导教师从发展水平（2）标准开始自评。这从决策方案所示步骤顺序可以看出来。如图2.3所示，步骤A聚焦于量表的发展水平（2），即询问教师使用特定策略时是否出现重大错误或疏漏。（这一期望在图2.2的自我反思量表中有明确说明。）如果这个问题的答案是否定的，则会下移到等级1，即起始水平（步骤D），在这一等级，教师使用了策略，但有一些严重的错误和疏漏。如果教师不能肯定地回答这个问题（也就是说，教师对这个级别标准的回答是"否"），那么教师就默认处于"不使用"水平（0）。

让我们回到发展水平（2），假设教师回答"是"，表明教师认为自己使用了"将教学内容分块"的关键策略，没有明显的错误或疏漏，并且理解这些策略是如何、为何起作用的。实际上，该教师已经达到了量表上的等级2（发展水平）。接下来，教师考虑等级3（应用水平）（步骤B）的标准，即超过50%的学生在课堂上表现出预期的效果。学生证据中描述了预期效果（如表2.2所示）。如果教师认为自己不符合等级3（应用水平），那么他的等级是2（发展水平）。但是，如果教师确认达到了等级3的标准，他将自测是否符合等级4（创新水平）（步骤C）。"创新水平"是指教师识别出那些没有从教师的行为中获益的学生，并做出调整以满足这部分学生的特殊需求。如果教师符合这些标准，他的等级是4（创新水平）；如果没有，他的等级是3（应用水平）。

正如这一过程所表明的，教师自我评价决策方案中所采用的参照点是教师在发展水平（2）上的教学行为和理解。每位教师首先就这一等级的能力做出判断，然后根据每个等级的标准相应地在量表上上移或下移。描述该过程的示意图如图2.4所示。虽然示意图中的这些分支可以清晰展示整个评价过程，但我们将在本书中保留决策方案的量表格式。把纵向形式的量表内化为一位教师在某个教学要素上进步的表征，这对教师来说是非常重要的。最好将决策方案看成在量表上的一系列上下移动过程，上移还是下移取决于教师是否符合每一进步等级的标准。

当教师使用附录A中的方案进行自我评价时，我们建议他们在追踪表（如附录C所示）上记录自己的评分。

第一部分 促进教师发展

2 发展
我使用了与"将教学内容分块"相关的教学策略和行为，且无重大错误或疏漏，并且我了解与"将教学内容分块"相关的重要信息。

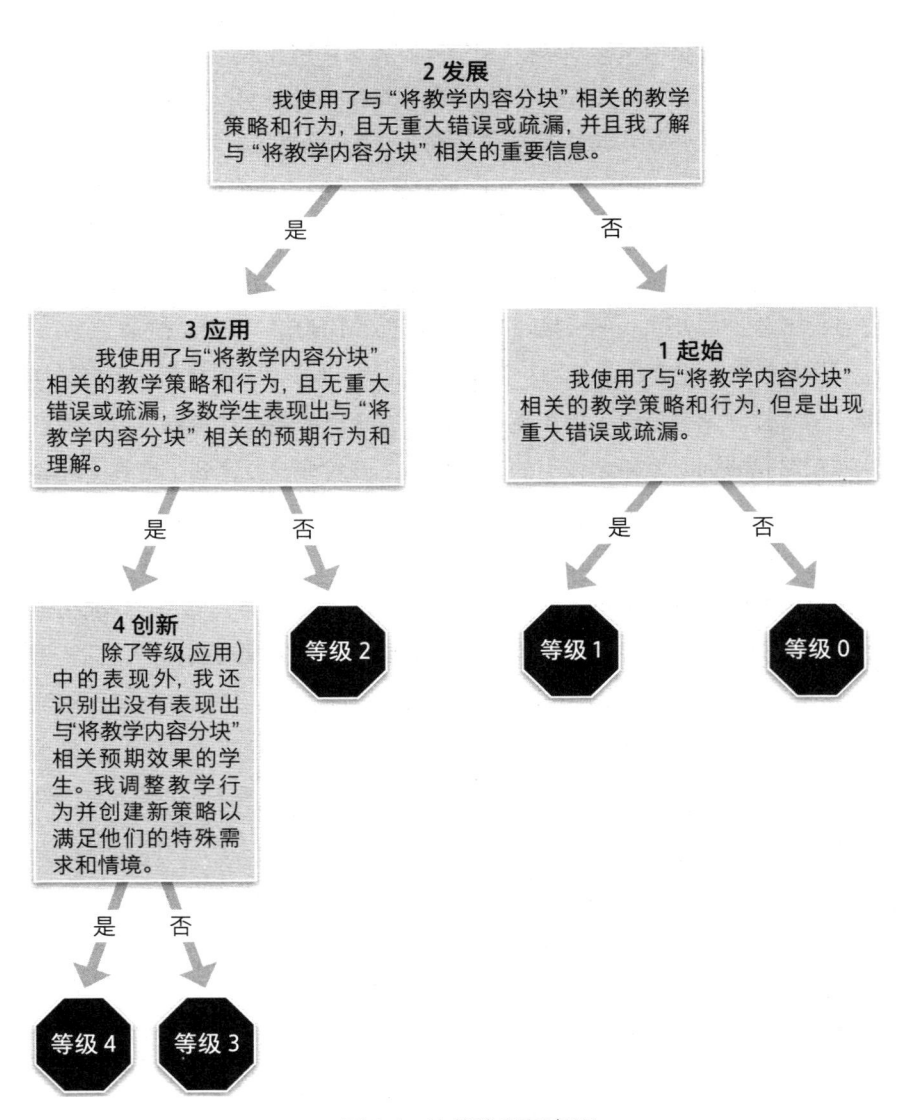

是 →

3 应用
我使用了与"将教学内容分块"相关的教学策略和行为，且无重大错误或疏漏，多数学生表现出与"将教学内容分块"相关的预期行为和理解。

否 →

1 起始
我使用了与"将教学内容分块"相关的教学策略和行为，但是出现重大错误或疏漏。

是 →

4 创新
除了等级应用）中的表现外，我还识别出没有表现出与"将教学内容分块"相关预期效果的学生。我调整教学行为并创建新策略以满足他们的特殊需求和情境。

否 → 等级 2

是 → 等级 1　否 → 等级 0

是 → 等级 4　否 → 等级 3

图 2.4　决策流程示意图

设定关键成长目标

当教师完成自我评估且有时间思考自己的优势和发展机会时,下一步就是设定具体的成长目标。利用这个方法在很多领域追求改进都很容易(尤其是使用像NASOT这样的有详细步骤的模式),但是对提高专业技能却不奏效。成长目标并不是越多越好,我们建议每年实现3个成长目标。教师可以根据自我评价中的机会领域(即得分较低的领域)来做出自己的选择。如果教师是合作团队的成员,我们鼓励团队去设定一个所有成员的共同成长目标。当团队所有成员共同努力改善同一目标领域时,所产生的协同效应通常值得牺牲一点个人的自主目标。

如果没有明确具体的成长目标,就不可能取得进步,因为提高"教学"水平这个目标过于模糊,缺乏真正发展专业技能所需要的具体性。教师可以利用几种不同的方法选择目标领域。最简单的方法就是从自评表里得分最低的要素中选择目标,即只需看列表中哪项要素得分最低,就可以将其确定为目标领域。另一种方法是让教师选择他们想学习的要素,因为他们认为这些要素有助于提高学生课堂表现。在这种情况下,教师所选择的要素可能不是自评中表现最差的领域,而是教师希望致力于改善学生学习的关键领域。这两种方法都很好,若与其他步骤结合使用,效果会更好。

安妮·康泽米斯和简·奥尼尔(2014)提出的SMART[①]目标是目标设定的不错选择。SMART目标符合以下标准:

- 战略性:目标展示了一个值得投入时间和精力的领域。
- 可衡量:能够收集证据,以确保客观衡量成长目标是否达成。
- 可实现:目标是可行的,并且可以通过努力实现。
- 结果导向:目标确定了工作的预期结果。
- 时限:时间框架或截止日期就确定了预期结果的时间。

以任何形式使用这些标准来设定目标都会很有用。图2.5是一个模板,

---

① SMART,即 S(Strategic),M(Measurable),A(Attainable),R(Results oriented),T(Time bound)。

• 第一部分 • 促进教师发展

教师可据其制订成长目标。该模板与SMART目标标准一致，即：战略性的选择要素；设置初始分数和成长目标分数，使其具有可衡量性和结果导向性；基于初始分数考虑目标分数，以确保其可实现；目标日期有时间限制。

```
成长目标要素：
初始得分：    0 不使用   1 起始   2 发展   3 应用   4 创新
目标得分：    0 不使用   1 起始   2 发展   3 应用   4 创新
我将在下面这个日期前实现目标：_____
当我朝着这个目标努力时，我将寻找以下学生证据：
_____
_____
```

请访问MarzanoResources.com/reproducibles/ITDE以获得此图的免费可复制版本。

图2.5 成长目标模板

关注目标领域

目标设定本身并不能改善教学。很显然，那些只是为了遵循学校或学区管理部门要求而设定目标的教师往往会发现，他们的计划搁置在书架上或电子文件夹中，直到下一次与评估者举行目标更新会议的前一天。不幸的是，这种现象在我们的行业中太普遍了。要想取得真正的进步，教师必须制订行动计划，按照计划行事，并不断反思进步。为了关注目标领域，教师必须首先选择与他们即将使用的要素相关的策略。需要注意的是，NASOT模型43个要素中的每一个要素都有多种策略。很多策略都列在了附录A中要素的教师证据部分。此外，以下问题可以帮助教师选择策略。

1. 我愿意尝试哪些策略？（请记住，这会让你脱离自己的舒适区，又不

038

会让你完全不知所措。)

2. 哪些策略适合我将要讲授的单元以及与该单元相关的每日课程计划?

3. 我可以使用哪些我已经比较习惯使用的策略?

4. 我认为哪些策略对将与我一起学习本单元和日常课程的学习者群体影响最大?(不同的学习者和不同的学习群体对这个问题的回答可能会有所不同。)

5. 我如何将这些策略融入到我的单元计划和每日课程计划中?

6. 为使用这些策略,我需要做什么准备?

当教师从这些问题的角度来思考目标领域时,他们就极有可能去实际应用所选择的策略。

在应用了成长目标领域的策略之后,教师对自己的表现进行反思很重要。与目标领域相关的决策方案可以帮助教师反思。我们建议对应用该策略的具体课程表现进行评价,记录一些好的课堂细节,也捕捉有关下次如何优化的想法。图2.6是一个可用于反思的示例表。

此外,实时追踪记录自己的进展对教师也是很有好处的。教师可以使用图2.7所示的追踪表,或为此自行制作一个电子追踪表。

内化教学模式

教师必须将教学模式内化,生成有关优质教学的充分坚实的心理表征,这样他们才能开始在课堂上实时监控和调整自己的表现。只有教师实时观察学生,并据此适当改变课堂计划,同时依据学生反应实时调整教学策略,教学模式内化才能开始发生。根据我们的经验,教师首先通过教学模式的某些部分,如规则和程序,来培养这种内化能力。许多教师很快将这部分教学模式内化以维持课堂秩序,并进行实时调整以确保所有学生都遵守规则和程序。虽然这是一个良好的开端,但整个模式的内化需要更长的时间。

虽然不可能全面地呈现教学模式内化后的教师课堂表现,但要想具体

• 第一部分 • 促进教师发展

目标领域或要素：_____

总的来说，我如何评价我在这个目标领域的表现？

0 不使用　　　1 起始　　　2 发展　　　3 应用　　　4 创新

我们的目标是什么？

0 不使用　　　1 起始　　　2 发展　　　3 应用　　　4 创新

我所使用的与目标领域相关的策略是什么？

_____

_____

下次再使用这些策略时，我的做法会有哪些不同？

_____

_____

图 2.6　成长目标课后反思

了解，请参考以下案例。

一位教师正在上一节直导课。他将教学内容分块，让学生分组思考，并让学生分享对全班评估问题的回答，以了解他们的理解程度。最初，他让学生口头回答他提出的问题，但他注意到，许多学生没有回答，或是等听到同伴的回答之后才做出回答。他转而让学生在各自的白板上写下他们的答案，确保所有学生都能对全班评估问题做出回答，并确保他们都理解了该分块的教学内容。在下一分块内容中，他让学生们讨论他们在小组里所学知识的要点。当在小组之间走动观察时，他意识到有些学生没有抓住重点，小组讨论内容也不够清晰。所以他让全班同学重新复习重点。但同时，他注意到有些学生没有积极参与复习，还有些学生不理解概念。他决定在复习过程中更多投入自己的精力和热情，同时让学生们自由结对并重新思考重点。复习期间，他特别关注那些参

使用以下表格可设置使用此要素的目标，制订提高掌握程度的计划，并绘制朝着目标前进的进度图。

要素：_____

初始分数：_____

目标分数：_____

为了改进，我需要做的具体事情：_____
_____

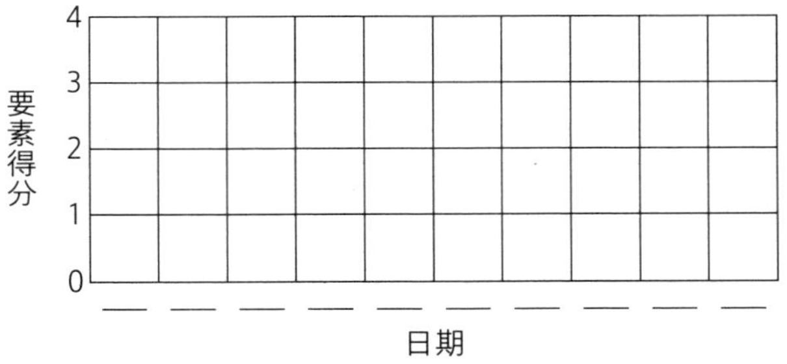

图 2.7　追踪进度表

与度不高的学生，使他们能够把握对重点的理解，同时持续监控整个班级学生的理解情况。

这个短小的课堂实例说明该教师已经内化了他的教学模式。他将教学模式的各个部分有意义地编织在一起，并实时进行调整，让更多的学生参与到课堂中，促进学生学习。将教学模式内化的教师每天都会做出上百个这样的行为。

显然，将教学模式内化并在课堂上加以利用需要时间，除此之外，它还需要采取本章一直在强调的刻意行动和重点：开发或采用教学模式、依据模式进行自我评估、设定成长目标并制订计划以聚焦成长目标。这些步骤都有助于教师将教学模式内化。

• 第一部分 • 促进教师发展

对于教育者来说，记录自己的教学，并对其进行自我评价，是促使他们持续内化教学模式的另一种神奇方法。要做到这一点，教师只需录制自己的教学片段，然后参照附录A中的决策方案为自己在教学片段中出现的每个教学要素打分。可以使用附录C中的表格记录分数。虽然有些教师会感到这样做很吃力，但这确实是一个很有效的方法，有助于教师形成稳固的优质教学心智模式。录像和评分仅供教师个人使用。为了使这一步骤有效，不要求其他人观看视频或对其评分进行评论。第三章讨论督导教学，其中我们会阐述教师如果选择征求他人的反馈，可以采取的其他步骤。

调整成长目标或设定新目标

调整成长目标或设定新目标是教学专业技能持续发展的重要一步。遗憾的是，当目标设定是一项与教师正式评估相关的规定性任务时，教师通常只在每学年开始时设定一次目标。这会导致在大部分时间内并没有明确的、有意义的目标（例如，如果某老师在8月份设定了一个目标，在11月份就实现了这个目标）。如果用成长目标来真实呈现教师专业技能发展行动计划，那么一旦达到目标，就应该进行调整，无论是在学年开始的几个月内还是临近学年结束时。

例如，如果某教师在要素6"将教学内容分块"领域设定了一个目标，使用多种策略来实施此计划，并开始看到与要素相一致的学生证据，他很可能是处在"将教学内容分块"的应用水平（3）上。

如果这在10月发生，教师会在要素6上保持这种水平，并选择一个新的目标领域来改进。或者，如果某教师设定了将要素6"将教学内容分块"持续保持应用水平（3）的目标，并达到了该目标，那么他可能会调整新目标为创新水平（4）。重点是，当教师设定真实的目标并将其实现时，他们应该感知到自身的成功，然后通过调整目标或设定新目标来继续追求改进。

每章小结

如本章所述，教学反思涉及刻意练习的6个步骤中的5个。那些利用有效教学模式、依据模式自我评价、设定成长目标、聚焦成长目标、将教学模式内化并随时间调整目标的教师，正朝着卓越教学的方向发展。尤其重要的是，教师依据教学模式所包含的要素进行自我评估时，应采用严格的方案并实时追踪自己的进步。下一章我们将阐述刻意练习的第6步，即教学督导，以此来结束对教师发展的讨论。

第三章　教学督导

———

　　如第一章所述，督导是教师发展6步骤中很重要的一步，因此我们将用一整章来探讨。值得注意的是，督导和被督导在各个行业十分普遍。职业运动员、专业销售人士、企业高管和学校管理人员仅仅是众多受益于督导职业的几个例子。罗伯特·J.马扎诺和朱莉娅·A.西姆斯（2013）也对此进行了陈述："在教学等复杂的工作中，如果没有帮助，很难达到并保持最高水平的表现。而最有效的帮助通常以督导的形式出现。"

　　教学督导一直是教师发展的重要组成部分，但也逐渐上升为教师专业发展的重要源泉。具体而言，琳达·达林·汉蒙德、露丝·仲伟、阿莱西娅·安德烈、尼克尔·理查森（2009）指出，教学督导是支持教师专业学习成长最快的形式之一。教学督导可区分专业发展水平，从而满足教师作为专业学习者的个体化需求。这与"一刀切"的专业发展方法截然相反。这两种专业发展方法都有其存在的价值，但教学督导为每位教师的个人成长提供了工作嵌入式的专业发展机会。

　　对教学督导有效性的研究有很多，且都证明了督导的积极效果。马修·A.卡夫和大卫·布拉扎尔（2018）在其文章《将教师督导规模化》中指出：

　　我们对60项研究结果进行分析后发现，督导是有效的。通过督导，教师的教学质量提高了，提高幅度相当于或超过了新手与有5—10年经验的教师之间的教学效果差异，这比传统的PD和多数基于学校的其他干预措施具有更积极的效果。

教师督导对教学实践和学生成绩都有很大的积极影响。平均而言，督导可分别将教师教学质量及其对学生成绩的影响提高0.49个标准差和0.18个标准差。

这意味着督导对教学能产生中度的影响，对学生成绩也有较小的影响。

教学督导是学区或学校能够实施的最有效的工作嵌入式专业发展形式之一。确定致力于教师成长的关键督导因素，可提高督导对教师发展的有效性。罗伯特·J.马扎诺、菲利普·B.瓦里克、卡梅隆·L.雷恩斯和理查德·杜福尔（2018）表示：在成功发展教师专业技能的学校，相互问责是一项关键领导行动。简单地说，相互问责意味着领导者有责任为他人创造成功的条件；而在其中工作的人也有责任利用这些条件尽其所能地完成工作。相互问责的理念直接适用于教学督导。领导者应制定督导方案并创设惯例，使教学督导能够在协作的、关注成长的改进过程中直接与教师合作。

本章将重点叙述督导和评价之间的区别，并为领导者和教学督导实施有效的督导体系提供指导。督导体系的关键要素包括督导流程、督导框架和方案、集中反馈和教学观摩。最后，我们将讨论作为督导的管理者的注意事项。

督导与评价的区别

教学督导应该服务于教师成长，为此，理解教师评价和教学督导之间的差异非常重要。在与世界各地的教育工作者共事时，我们发现，让他们参与对比评价和督导的活动是非常有用的。为了说明这一点，请参照以下提示。

评价和督导是相似的，因为它们都_____
评价和督导是不同的，因为_____

当教育工作者参与这个问答活动时，关于教师评价和教学督导之间的相似之处，通常会提到以下几点：

- 两者都涉及对教学的观察。

- 两者都会给教师带来某种形式的反馈。
- 两者都关注于改进教学实践。

在对比教师评价和教学督导的差异时，通常会提到以下几点：

- 评价更具总结性，督导更具形成性。
- 评价被认为比督导更有风险。
- 评价由有资格的管理人员完成，而督导通常由指定为教学督导的同事完成。

虽然这些回答是比较准确且恰当的，但评价和督导之间有一个常被教师忽略的关键区别，那就是：评价试图评估教师在课堂上的整体表现，并对多个教学实践领域提供某种评级或反馈。相反，教学督导的重点是通过对教师成长目标中所选择的刻意练习领域的集中观察和针对性反馈，来改善教师具体教学行为。领导者和教学督导应该让教师认识到这种差异。

通常，教学督导的开展被教师视为伪评价。当督导没有明确地关注某一特定练习领域时，或者当督导观察教师的教学并在其教学实践中找到不足，继而指导该教师对不足之处进行改进时，教师就会产生这种想法。也就是说，督导决定了教师的努力方向，而不是教师自己反思并设定目标。使用这种督导方法的一个潜在危险是，教师很容易将督导视为一种变相的评价形式。但是，如果督导工作公开透明地关注每位教师基于自身成长目标所选择的教学要素的改进，教师可能就会以成长型思维将督导过程看作改进的机会。督导和评价之间的这一关键区别可以指导学校和学区制定指导性的教学督导制度和方案，以充分关注教师的成长领域。

学区或学校应该考虑的一种做法是：在特定的时间段内，比如一学年的第一季度或第一学期，评价过程中不考查教师的特定成长目标领域。例如，如果某教师设定了一个目标——为提高学生参与度而增加身体运动的使用，那么在第一学期，对这名教师的评价中就不考查这个要素。此外，如果这名教师选择两个或三个要素作为成长目标，那么在特定的时间段，比如一个学期或学年的第一季度，这些要素都可以不参与评价。

在这种要素隐形期内，该教师在教学督导的支持下进行刻意练习，重点发展所选择成长目标领域的教学行为。该教师教学实践的所有其他方面都会被评价，但为了鼓励他/她在"利用身体运动"这一领域的成长和发展，暂时不考查这一要素。这样他/她就能尝试新的策略，而不用担心那些不成熟的尝试会影响到对他/她的整体评价。当督导明确地集中在一个或两个领域，且教师在努力提升该领域的实践中不会受到低分评价的影响时，教师就更有可能设定能够实现真正成长的目标，并尝试新的实践策略。

马扎诺与其同事（2018）在《领导一所高信度学校》[①]一书中阐述了教师目标设定和教学督导之间的关系。在高信度学校领导的意识中，学校领导应注重提供在学校实施有效督导所需的具体条件。其中两个指标如下：

- "学校支持教师通过自我反思和制订专业成长计划来提高自身教学技能。"
- "学校为教师提供与其教学成长目标直接相关的工作嵌入式专业发展机会。"

这两个条件相互依存，共同构建了一套系统的、以教学督导为支撑的、以实践为中心的教师发展模式。它们还创建了与评价工作截然不同的督导氛围。

督导流程

教学督导流程概述了教师与督导合作的过程。在我们的模式中，督导流程应该包含以下主要方面。

- **设定目标**：教师与即将担任其教学督导的人分享他的成长目标。这个督导有可能是一个管理人员。本章稍后将讨论管理人员在担任督导时需要注意的事项。
- **选择策略**：在最初的督导谈话中，教师和督导共同为选定的成长目标要素选择相应策略。此次谈话内容将由教师在反思量表上的自

[①] 《领导一所高信度学校》，作者罗伯特·J.马扎诺（Robert J.Marzano）及其同事，英文原书名 Leading a High Reliability School。

我评价来决定。在自我评价过程中，教师有时可能会在反思量表上高估自己。这没关系。督导可以在督导流程内依据督导细则和策略（在下一节中描述）进行自然调整，以确定他所督导的教师的真实水平。

- **观察并提供反馈**：督导首先按计划进行教学观察，然后根据观察结果给教师提供集中反馈。对不同教师的教学观察次数不同，具体取决于不同教师的表现水平以及后续督导的需要。
- **反思**：教师通过观看自己的教学视频进行自我反思。如果可能的话，在督导流程内，对自己在成长目标领域的教学，教师应至少录制一次视频，并据其进行反思。在反思过程中，如果督导能够提醒教师关注进展顺利的地方以及他希望如何继续改进，将很有帮助。当然，一般不要求教师和督导一起对视频进行反思，但是如果这样做的话，将非常奏效。

督导流程中的这4个步骤使自我反思和督导工作相互依存，从而促进教师成长。教师首先选择自己的成长要素，然后在与督导的对话中探讨需要应用的策略。前两个步骤开启了督导对话，同时为后两个步骤铺平了道路，以保障对教师成长的持续关注。"观察并提供反馈"使教师继续进行自我反思，只是此时的自我反思是根据督导的观察反馈进行的。

本章稍后要谈到的反馈方案有助于督导以一种识别教师成长增量的方式组织观察，同时也为持续改进提出反馈。重点在于，督导从一开始确定成长目标要素和策略时就参与了教师发展计划，从那时起，督导就扮演着成长伙伴和促进者的角色。"反思"说明成长过程是个体化的，且时时发生。它不仅根据督导的观察反馈来进行，它更是一个持续的、真实的、有见地的自我反思过程。无论有无督导反馈，反思都可发生。

其实，通过反思，教师就已经开始了自我督导。利用视频进行反思是非常有益的，视频提供了特定时间内教师的教学表现，教师和督导可以一起也可以各自单独观看视频，只要双方都清晰地关注所选教学要素中的成长概念即可。"反思"也为教师提供了一个机会，让他们认识到自己在所选领域的成长。

督导框架和方案

教学督导工作依赖于具体框架、过程和方案的实施，它们相互依存，共同支持教师成长。其中包括督导模式、教师反思和目标设定过程、实施督导策略的督导细则以及反馈方案。如第二章所述，一旦教师开启自我评价并确定了成长目标，督导工作就可以正式开始了。为了做好督导工作，我们建议督导在与教师合作时使用图3.1中的通用量表。

4 创新	除了等级3（应用）中的表现外，教师还识别出没有表现出与该要素相关预期效果的学生。教师调整教学行为并创建新策略以满足他们的特殊需求和情境。
3 应用	教师做些与该要素相关的教学策略和行为，且无重大错误或疏漏，多数学生表现出与该要素相关的预期行为和理解。
2 发展	教师做出与该要素相关的教学策略和行为，且无重大错误或疏漏，并且了解与其相关的重要信息。
1 起始	教师做出与该要素相关的教学策略和行为，但是出现重大错误或疏漏。
0 不使用	教师未做出与该要素相关的教学策略和行为。

图3.1 43个要素的通用量表

图3.1中的量表是以第三人称来描述的，这是因为督导将与特定的教师合作，帮助他提升NASOT模式中的特定要素和该要素中的特定策略的应用水平。实际上，教师是学习者，而督导是督导过程中的教师或指导者。因此，督导必须记住，他在整个过程中都在与一个学习者（尽管是成人学习者）互动。教育作家丽塔·斯米尔克斯坦（2003）解释了在培养专业技能的各种练习中，学习者的大脑中发生了什么：

• 第一部分 • 促进教师发展

一个人积极地练习一个学习对象，他们在所练习的领域内做得更好，因为他们的大脑正在为这个特定的学习对象生长更多的树突、突触和神经网络。网络的规模越大，他们越能自然地、自动地思考、记忆和使用学习对象。

在督导关系中，教师的大脑处于学习新技能的过程中。

对于督导来说，了解量表中不同等级的表现如何与教师的实时发展对应是很重要的。为此，马扎诺和西姆斯（2013）确定并解释了学习过程中教师成长的三个阶段。

1. 认知阶段：认知阶段发生在教师学习一种新策略并研究如何使用它的时候。

2. 形成阶段：形成阶段指教师刚开始使用新策略，出现重大错误和疏漏。

3. 自主阶段：处于自主阶段的教师可以轻松顺畅地使用策略，并针对特定学生和情境制定相应策略。

这3个阶段展现了教师作为专业学习者所经历的过程。了解3个发展阶段的学习过程，将有助于督导根据量表中的表现水平来调整具体的督导策略，以促进教师的发展。

督导量表作为一个工具，可协助教学督导指导教师从量表中的一个等级提升到更高一级。在此过程中，督导正在实践着马扎诺和西姆斯（2013）所描述的督导行为："将一个人从他所在的地方推动到他需要或想要去的地方。"为此，我们提出了一些具体的建议，以指导督导帮助教师从一个等级提升到下一个等级，最终使教师从不使用水平（0）提升到创新水平（4）。

不使用水平（0）到起始水平（1）

从不使用水平（0）向起始水平（1）方向发展的教师，正处于某特定策略发展的认知阶段。在这一阶段，他们需要更多地了解自己选择的教学要素，并考虑在课堂上实施该要素可能用到的策略。战略性督导包括以下行动：

- 为教师提供支持该要素的研究，使他们了解该要素对学生学习的重要性。当教师理解一个要素背后的原理时，他们就可以集中思考如何使该要素在教学实践中起作用。
- 为教师提供几个与该要素相关的策略示例。《马扎诺教学策略纲要》是一个极好的资源，可以提供相关策略。
- 与教师合作，选择一种教师已有初步了解并认为对他所任教年级或教学内容领域可能有效的策略。
- 向教师解释所选策略的实施步骤，使教师更加了解策略并提高首次尝试该策略的信心。可以与教师一起写一个简短的脚本或有详细步骤的说明书，供教师在头几次尝试该策略时使用。下面的示例是为计划首次使用"四角讨论"策略的教师所写的脚本。
    1. 解释四角策略的目的（来回走动并进行观点讨论）。
    2. 告知学生只有当你发出号令时他们才能走动。
    3. 向学生解释你期望他们如何移动到所选的角落。
    4. 告诉学生你期望他们如何与别人讨论自己的观点。
    5. 询问学生对你的要求是否有不明白的地方。
    6. 描述四个角中每个角所代表的观点。
    7. 让学生静下心来独自思考这四种观点。
    8. 让学生移动到自己所选的角落，并谈一谈他们选择这个观点的原因。
- 为没有具体步骤的策略讨论并制定一个方案。比如让学生使用各自的白板作为回应工具。由于没有使用此策略的具体步骤，教师需要自行制定白板的使用方法。例如，当要求"展示观点"时，学生举起白板给教师看，然后在教师又发出信号之后再放下白板。方案还包括教师如何让学生与他人讨论自己的观点，此步骤也是白板活动的一部分。
- 如有可能，示范、共同授课或播放所选策略的视频。对教学督导来

• 第一部分 • 促进教师发展

说，提供一个现场或录制的教学示范对于培养教师对该策略的心智模式是很有意义的。

起始水平（1）到发展水平（2）

当教师首次尝试一种新策略时，他就进入了量表的起始水平（1），也就是处于该策略发展的形成阶段。持续发展的关键是消除错误并提高应用该策略的流畅性。战略性督导包含如下行动：

- 鼓励教师告诉学生他正在应用一种新策略，以及如何设计该策略以帮助他们学习。
- 为新策略寻找合适的组织方式和使用说明，并观察学习者是否明白他们应该做什么。
- 如果策略的实施有具体的步骤或方案，监控以确保该策略的正确实施。
- 关注课堂上的学生，并监控策略对他们的影响。在形成阶段，教师仍需把重点放在自己对策略的运用上，尽管此时还不能很好地关注策略对学生的影响。通过观察学生，督导能够结合教师可能注意不到的学生证据提出具体反馈。
- 如有可能，录制师生应用该策略的视频。一起观看视频，共同协作讨论教学实践中应该做出的调整，从而提升教师对该策略的应用能力。

发展水平（2）到应用水平（3）

对于教师来说，从发展水平（2）到应用水平（3）意味着从关注教师的教转到关注学生的学。这是从形成阶段向自主阶段的转变。自主意味着教师熟练应用一种策略，不必有意识地去思考下一步该怎么做才能使策略奏效。这就使得教师可以将注意力转移到应用水平（3）的关键方面，即有目的地观察和倾听该策略对学生的影响。附录A的学生证据部分分别描述了NASOT模型中43个要素对学生的影响。从"发展"到"应用"的战略性督导行动如下：

- 指导教师理解：实时监控不仅仅是看学习者是否遵守策略那么简单。监控的目的是确定策略是否对学习者产生了预期效果。例如，监控"四角讨论"策略的运用，不仅要注意学生是否在遵循指示，还要确定该策略是否有助于学生更好地理解某个主题的不同观点。
- 为了监控与特定教学要素相关策略的有效性，督导要与教师一起关注三个方面，分别是：（1）学生行为；（2）直接向学生提出的问题；（3）学生作品或产出。对这三个方面的监控能够确定教师应用某策略时的效果。教师可以参照一个、两个或所有三个方面来监控所使用的特定策略的有效性。图3.2展示了对"组合笔记"教学策略的监控模板（"组合笔记"策略从属于要素8——记录和表征教学内容）。
- 观察教师根据监控结果做出的决定。如果策略没有对学习者产生预期的效果，教师是否努力去监控和调整策略的使用？当教师正确地监控策略的应用效果时，他们通常会调整教学。然而，如果他们只是监控学习者的遵从性，即使需要调整，他们通常也不会调整。

学生行为	直接向学生提出的问题	学生作品或产出
学生主动在笔记本左侧笔记栏记录笔记，并在右侧的空白处画图形表征。	到目前为止，你写下了哪些最重要的笔记信息？你是如何以图形方式表征这些笔记信息的？	完整的笔记包括书面笔记、图形表征和页面底部的摘要重点。

图3.2 "组合笔记"策略有效性的监控意见

应用水平（3）到创新水平（4）

要达到量表上的最高水平，教师就必须成为一个真正的创新者，在他正发展的具体教学策略上进行创新。教师仍处于自主阶段，现在对策略的使用有足够了解，可以混合使用多种策略来解决单个策略对部分学生不起作用的问题。从"应用"到"创新"的战略性督导至少包含以下两种方法：

- 帮助教师制定宏观策略。马扎诺和西姆斯（2013）将宏观策略定义为"为特定目的而同时使用的一套教学策略"。例如，假设一位教师选择了第24个要素"增强学生反应率"作为他的成长目标要素。他最初使用的提高策略是"等待时间"和"随机选择学生"。根据他刻意练习的结果和集中反馈，了解到他是在应用水平上应用这两种策略。为了让他继续成长，督导帮助他构建一套宏观策略，以使更多的学生参与课堂，并进行更深入的内容学习。具体来说，督导建议教师在提问中增加两种策略：回应链（让学生对某学生的回答进行评论，然后让其他学生对第二个学生的回答进行评论，以此类推）和多类型提问（让多名学生分别回答检索类、分析类、预测类、解释类和评价类问题）。通过将等待时间、随机选择、回应链和多类型提问4种策略结合起来，教师构建了一套宏观策略，以便让更多学习者参与进来，并激发他们更深入地学习内容。

- 帮助教师根据不同学习者的需要调整学习策略。例如，一名教师在"精心布置家庭作业"这个教学要素（即NASOT模型中的要素20）上处在应用水平（3），她希望在这个要素上从应用水平提高到创新水平（4）。意识到需要根据学生不同的发展水平来布置差异化作业，她调整了作业布置策略：创建一个作业选择菜单，其中每个选项都对应着一个作业主题。这使得学生可以根据自己需要多多练习的主题自主选择作业。教师也可以指导学生进行特定的作业练习，以帮助学生练习需强化的学习主题。

遵照督导细则，我们可以客观地观察到教学的各个具体方面。督导细则既可以辅助督导与教师一起协作构建策略，以使教师在实践中不断成长，也可以帮助督导进行教学督导过程中最重要的行为——集中反馈。

集中反馈

在教学督导过程中，有效、集中的反馈是促进教师个体技能发展的主要因素。在《如何成为一名反思型教师》一书中，马扎诺（2012）解释了"集中反馈"的概念及其重要性："反馈是决定集中练习成功与否的关键。具体来说，反馈会告诉教师他们的努力是否真的在发展专业技能。"他还说：督导最重要的职责之一是为教师提供有关其教学表现的反馈。毫无疑问，如果一位教师不知道他所做的是对还是错，那么他将很难改进自己的知识和技能。

在教师的成长目标领域，反馈的重要性毋庸置疑，但反馈的有效性是教师技能成长的催化剂。有效反馈必须既能尊重教师的努力和成长，又能为教师的持续成长提供下一步建议。有效反馈在尊重和合作的关系中进行，同时促进教师的成长和改进。此外，反馈本身应及时、具体，并在积极鼓励教师和提出改进意见之间取得平衡。

为了构建并提供集中、有效的反馈，督导可以利用反馈流程来帮助自己组织思路，为教师准备反馈。为此，我们推荐一个包含三个阶段的反馈流程：（1）描述，（2）确认，（3）督导。表3.1描述了该流程的每个阶段，并提供了每个阶段如何运作的示例。

结合督导细则（量表的通用形式见图3.1）使用表3.1所示的反馈流程，既可以帮助督导提供具有战略性和具体性的反馈，还可以使反馈集中在教师认为自己需要改进的教学实践领域。

• 第一部分 • 促进教师发展

表3.1　三阶段教学督导反馈流程

阶段	描述	示例
描述	督导在观察教学时，要准确描述他的所见所闻。督导可以直接引用教师和学生的话，也可以概括描述所观察到的教师和学生行为。总之，这个阶段的目标就是准确描述从相关人物身上看到和听到的一切。这些信息将为流程中的后两个阶段提供信息，也可用于提供具体的反馈和示例。	斯科特先生让他的学生拿出各自的白板，准备用白板来解答他在投影机上展示的练习题。 学生们立即拿出白板，对使用白板表现出极大的热情。 当斯科特先生在智能板上展示问题时，所有的学生都在努力解答问题。 当学生们解答完一个问题后，他们立即举起白板，斯科特先生回答他们说："是的，干得好；不；不；是的，干得好；是的，很好。" 每完成一个问题之后，学生们就陆陆续续地举起白板，向斯科特先生展示他们的答案。为了吸引斯科特先生的注意力，让他对自己的答案做出回应，学生们上下舞动白板，就像爆米花效应一样。 斯科特先生继续对学生的答案回应着是或否。 有些学生第二次或第三次举起板子。在教室里的学生随机举起它们写有答案的白板，斯科特先生正试图看到并确认每个学生的答案。 斯科特先生继续展示练习题，学生们继续参与其中，解答完当前的问题后随机举起白板。 斯科特先生在房间里走来走去，查看每个学生的白板，用"是"来确认学生的正确答案，用"否"或"还不对"来回应不正确答案。
确认	在这个阶段，督导有机会确认他在教师刻意练习中看到的成长，并确定教师在应用策略时做得好的方面。这使得督导在纠正之前就有了联结的意识。	你用这个策略确保了学生的高度参与，因为所有的学生都在使用白板来回应和练习。 当每个学生举起白板时，你都非常努力地去看到并确认他们的答案。 当学生成功时，你用"是的，很好"和"是的，优秀"来表扬正确的答案。学生对你的表扬做出积极的反应。 你还用"还不对"来表示学生的答案是错误的，而且激励他们再试一次，把答案做对。

（续表）

阶段	描述	示例
督导	对于这一阶段，督导应参考督导量表，确定教师的当前状态属于量表的哪一水平。然后，督导可以思考将教师从当前水平提高到更高一级水平的反馈策略，以帮助其构建具体的反馈。这一阶段也为督导提供了使用反思性问题和创建双向督导对话的机会。	从你的角度来看，什么策略对你有效？你将会有不同的做法吗？ 为了帮助你更好地观察学生活动，并向整个小组提供高质量的反馈，我们接下来要制定一个在课堂上使用白板的方案。这将使你更好地使用白板策略来监控学生的回答并做出反应。 策略的实施方案包含展示白板的信号，以便所有学生可以同时举起白板，还包含放下白板的信号，以便学生知道何时放下白板并接收关于他们答案的反馈。使用此方案，你就可以就常见错误为小组或个人提供反馈，还可以让你庆祝小组或个人的成功。 通过制定和应用方案，你将继续保证良好的学生参与度，并增加评价学生学习的机会。

教学观摩

通过确保教师有机会观察教学实践并讨论其有效性，学校可以扩大教学督导的影响力并促进全校教学的发展。为此，我们的首选策略是教学观摩。教学观摩模式是一种有效工具，可用于教师小组，也可向教学督导提供教师发展的附加材料。多年来，学校里曾应用不同的教学观摩模式。我们的模式是专门为教师的自我改进而开发的，自然也适用于督导过程。马扎诺描述了教学观摩的目的：

教学观摩的目的是使观摩教师将自己的教学实践与课堂上观察到的教学实践进行比较，然后进行小组讨论和反思，最终总结自己的教学实践。与许多教师观察不同，教学观摩的重点不是评价。虽然被观摩教师可以请观摩教师提供反馈，但教学观摩主要是为了提高观摩教师的教学技能，并鼓励同事之间的合作。

简单地说，在教学观摩环节中，一名首席教师或者教学督导带领由3—

• 第一部分 • 促进教师发展

5名教师组成的小组，共同观摩同事10—15分钟的教学实践，从中获得可用于自身教学实践的教学思想。被观摩教师应该是受人尊敬的、能够提高学生学习的且愿意让别人来观摩自己教学实践的教师。教学观摩模式的意图不是对被观摩教师进行评价或批评。相反，观摩同事教学实践的教师应该关注3个自我反思问题：

1. 我观察到的，有哪些证实了我教学实践中的好做法？
2. 我观察到的，有哪些我想再进一步了解？
3. 我观察到的，有哪些我想添加到自己的教学实践中？

在教学观摩结束后（最好随后立刻进行），教师应尽快利用3个自我反思问题复盘观摩课。督导或首席教师协助他们复盘。

由于教学观摩的重点是观摩教师，因此不应向被观摩教师提出建议，除非他们特别要求建议反馈。可以向被观摩教师提供正面反馈，例如观摩小组观察到且欣赏的教学闪光点。此类反馈只能由教学督导或者首席教师提供。以下展示了可提供给被观摩教师的正面观摩反馈示例。

埃尔南德斯先生：

感谢您允许我们观摩您的课堂。我们观摩小组对您的课进行了复盘，总结出如下优秀教学方法，并准备在我们自己的课堂上尝试：

- 我们对您用来让学生加工信息的"思考—配对—分享—四人结组"策略非常感兴趣，因为有几位教师在他们的实践中也使用了"思考—配对—分享"的方法，但没有用到让学生与第二组伙伴合作的"四人结组"策略。
- 您提醒学生结束讨论的"倒计时"策略非常有效，很明显这是您日常教学实践的一部分。我们几个也打算在自己的课堂上尝试一下。
- 贴在您教室后墙上的《再评价承诺书》引起了我们所有人的兴趣。我们发现所有学生都签了字，他们清楚地知道必须做什么才能在您的班上获得重新评价的机会。关于这是如何运作的，我们都想知道更多信息。

感谢您今天让我们来观摩并向您学习。

当然，教学观摩模式可以将教学督导工作扩展到全校范围。如果学区或学校有教学督导，让他们带领观摩小组进行教学观摩是很有意义的，因为教学观摩过程和复盘环节自然地创造了更多的督导机会。举例来说，担任观摩组长的教学督导可能会要求观摩小组中的教师反思以下问题：你观察到了什么？你想对什么有更多的了解？观摩小组中的4位教师分别找出被观摩教师用来追踪学生进步的一个技术方法。这时督导就可以向教师们解释应用技巧，并要求教师确定一个时间，让督导展示如何在自己的课堂上设置和应用这种技术方法。

由于教学观摩过程有许多不同的方式，教育者往往不确定怎么做最好。我们将在接下来几节里讨论有关教学观摩的观摩时间、观摩频率、观摩成员和观摩范畴等常见问题。

观摩时间

在安排教学观摩活动时经常需考虑的问题是：在每次教学观摩环节中，应该观摩多少位不同的教师？被观摩教师的数量没有硬性规定。哪怕是观摩一位教师也能为观摩小组提供反思素材。不过，依我们的经验来看，对两位教师分别观摩10—15分钟，然后立即进行复盘是一个成功的方法。观摩两位不同的教师可以使观摩小组在复盘过程中从多个视角去考虑、比较和对比。观摩和复盘活动可以在学校日程表上的某一时间段进行，可以在一节45—50分钟的课堂上进行，观摩小组分别对两位教师进行10—15分钟的观摩，然后利用15—20分钟的时间进行复盘。这样一来，就可以在一堂课的时间内有效完成这两项工作。

观摩频率

教学观摩的频率是另一个常见的问题：教师应该多久参加一次教学观摩？理想的情况是，教师每学期至少参加一次观摩。这种频率的观摩为教师的专业发展提供了多种思路，同时从逻辑上来说也不会对教学日程计划造成负担。但是，如果每学期观摩一次不好实现的话，那么每位教师至少每学年参加一次观摩活动，这将为他提供学习和改进其教学的好机会。

观摩成员

多名教师组成观摩小组参加观摩活动，自然就会出现这个问题：观摩小组是由相似学科还是混合学科的教师组成的呢？不管哪一种组合都可以使教师得以成长。但我们在经验中发现，混合学科观摩组在观摩不同学科教师的课堂时，他们观摩的重点是教学方法，而不是具体教学内容。当某一学科的教师谈论如何把他从其他学科课堂上观察到的策略应用到自己的课堂上时，会产生既富有成效又具有挑战性的对话，通常还可以促使教学督导及时为其提供支持。

观摩范畴

有关教学观摩的最后一个疑问是：教学观摩是否可以用来观摩特定教师的特定教学实践？观摩的目的是为教师提供他们可以考虑用到自己教学实践中的思路点子。教学观摩可以聚焦于某特定领域或某类教学策略。例如，可以通过观摩一组新教师来了解他们关于课堂管理和课程设计的新想法。同样地，教学观摩也可以专门观摩词汇教学的具体教学实践。教师也可能了解到某个教师正在尝试一些新方法，继而去观摩这种新方法的应用。关键是要记住，观摩是为了促进观摩教师的成长，而不是为了评价被观摩教师。

督导管理

由于规模局限或财政限制,并非所有学校都专门设立督导岗位。但这并不意味着督导工作不能进行。管理者可以担任教学督导的角色,而且在许多情况下,他们做得非常成功。例如,可参考克罗斯县(Cross County)社区学校所采用的督导方法。克罗斯县是位于内布拉斯加州的林肯郡西部约1小时车程的preK-12教育地区。所有年级均位于一个建筑区内,该建筑区由一个小学楼(preK-5)与一个中学楼(6-12)相连而成。这个学区雇用了一名小学校长和一名中学校长。他们采用一种非常有效的督导制度:由小学校长担任中学教师的督导,由中学校长担任小学教师的督导。教师从学校推行的教学模式中选择自己的成长目标,而这些目标则成为两个校长对对方教师进行督导的重点。这种方法使学区能够实施教学督导,并清楚地表明,督导不是评价性的,因为它不是由教师的主管或评价者进行的,而是由来自相反年级段的校长进行的。

管理者也可以为自己的教师队伍担任教学督导。成功的关键是将督导过程与评价明确分开。管理者应建立一种督导方法,以明确区分自己作为教学评价者和作为教学督导者的不同角色。做好这个区分,首先就要将督导的重点放在教师的成长目标领域,而不是教学实践的所有方面。担任教学督导的管理者可以使用以下准则:

- 让教师在教室里展示他们的成长目标,且方便管理者无论因何目的走入教室时都能轻易看到。管理者进入教室可能是为了进行教学评价,当发现教师正在自己的成长目标领域进行教学时,管理者就可以立刻切换观察目的,转而为该教师提供针对性的督导反馈,而非进行一般性评价。
- 使用与评价表完全不同的督导反馈表。纸质版和数字版都可以,关键是教师要清楚地知道督导与评价的区别,并了解自己所收到的关于某实践领域的反馈是出于督导目的,而非评价目的。
- 与教师一起安排具体的督导观察计划,让教师知道你观察其课堂的目的是提供成长导向的反馈，而非评价。
- 建议教师提供录制的简短视频，展现他们在成长目标领域的实践。观看视频后，以督导的口吻和形式提供有关成长目标的针对性反馈。
- 设定时间段（如一学年的前9周）。在此时间段内，教师的成长目标领域仅作为督导观察范围，而不被列入评价范围。这使教师能够勇于尝试，努力改善他们的成长目标领域，而不必担心该要素的评价分数过低。

只要督导和评价之间的界限在这个过程中被确立并维持，管理者就能够做好教学督导工作。

每章小结

教学督导对教师的专业技能发展起着至关重要的作用。教学督导和教师评价的关键区别在于，督导的重点是培养教师在教学实践中对某一具体策略的使用，而不是随时评价教师在教学上的总体表现。

在督导过程中，督导应使用相关细则或通用量表来指导自己的操作策略。集中反馈（如描述、确认、督导）的过程与模式，对教学督导也至关重要。教学观摩是一种有效的督导工具，只要有可能，就应该由教学督导来带领教师进行观摩。本书第一部分结束，接下来我们要探讨如何改进教师评价。

第二部分
改进教师评价

第四章　观察教学的误差

观察教师教学历来被认为是确定教师专业技能水平的最佳方法之一。事实上，很长时间以来，人们都认同一个假设：专业技能可以相当容易并迅速地被观察到。我们只需在网络上搜索"何为优质教学"，数不胜数的建议就会映入眼帘。这是一种直觉思维。首先，人们只需接受教师对学生学习有直接影响这一假设。其次，人们还须假设，仅仅通过观察课堂事件就可以看出教师的行为对学生学习产生的积极影响。虽然这些假设在直觉上是有效的，但实际上，通过少量且快速的教师行为观察就可以衡量教师教学有效性的观点是完全错误的。这是因为任何类型的观察都存在误差。在本章中，我们将讨论观察中出现的几类误差以及这些误差对教师的影响。

观察误差

观察教师教学从根本上说是一种测量方法。观察者寻找教师和学生的特定行为，并根据他们所见与未见的行为进行打分。只要根据观察对教师做出判断，测量误差就一定存在。事实上，无论是观察或是其他，任何类型的测量都不可避免地包含误差成分。科学家经历了几个世纪才认识到误差的普遍性及重要性。

根据罗斯·特劳布[①]（1997）的说法，在17世纪，科学家们首次认识到

---

① 罗斯·特劳布（Ross Traub）。

误差的普遍存在。伽利略特别指出，行星位置的观测误差倾向于呈正态分布。他还认为，观测数据分布的平均值是最稳定的测量形式。到了18世纪，误差理论被清晰界定。到了19世纪初，卡尔·弗里德里希·高斯[①]等科学家提出了误差分布函数。

既然测量都会有误差，那么每当观察一位教师并据此对该教师进行判断时，都会出现一定程度的误差。教师观察系统中常见的误差至少有4种：（1）分类误差；（2）赋值误差；（3）抽样误差；（4）误解或滥用观察方案导致的误差。

分类误差

当观察者对其所观察事物进行了错误分类时，就会产生分类误差。例如，假设一位教师将提问学生作为"增强学生反应率"的技巧。当考虑NASOT模式中要素24"增强学生反应率"时，教师提问的主要目的是提高学生的注意力水平。但是，假如观察者将其所见归类于NASOT模式中的要素21"精细加工知识"，那么观察者会在要素21上给教师打分，而事实上，观察者应该在要素24上给教师打分。虽然要素24和要素21都涉及提问，但要素不同，提问目的也不同。在要素24中，提问的目的是让尽可能多的学生尝试回答问题，而在要素21中，提问旨在加深学生对具体内容的理解。要素24中的问题通常很容易回答，而要素21中的问题回答起来难度较大。

这种错误分类很可能会导致观察者对要素21"精细加工知识"的评分较低，因为学生似乎并没有被问到需要做出推断的问题。如果观察者将教师的提问活动归类为要素24"增强学生反应率"，教师可能会得到较高的观察分数，因为提问实际上达到了让多数学生做出回应的预期效果。

[①] 卡尔·弗里德里希·高斯（德语：Johann Carl Friedrich Gau）(1777—1855)，著名数学家、物理学家、天文学家、大地测量学家。是近代数学奠基者之一，被认为是历史上最重要的数学家之一，并享有"数学王子"之称。高斯和阿基米德、牛顿并列为世界三大数学家。

赋值误差

每一个观察系统都采用某种形式的量表来描述不同的表现水平。我们在第二章和第三章中介绍了我们推荐的量表。为便于讨论，我们在图4.1中再次提供了用第三人称表述的通用量表。请注意，量表里的5个水平都有数值和描述。无论是用数值还是描述给教师评级，观察者都是在对教师的表现水平做出判断。

4 创新	除了等级3（应用）中的表现外，教师还识别出没有表现出与该要素相关预期效果的学生。教师调整教学行为并创建新策略以满足他们的特殊需求和情境。
3 应用	教师使用了与该要素相关的教学策略和行为，且无重大错误或疏漏，多数学生表现出与该要素相关的预期行为和理解。
2 发展	教师使用了与该要素相关的教学策略或行为，且无重大错误或疏漏，并且了解与该要素相关的重要信息。
1 起始	教师使用了与该要素相关的教学策略和行为，但是出现重大错误或疏漏。
0 不使用	教师未使用与该要素相关的教学策略和行为。

资料来源：©2021，罗伯特·J.马扎诺。

图4.1　43个要素的通用量表格式

量表上描述的等级在统计学上称为量表的值。当观察者对要素进行了正确分类，但给出的等级分数太低或太高时，就会出现赋值误差。造成赋值误差的原因通常是某种教学策略的预期效果在观察者离开教室后才出现，即因观察者没有看到效果而产生了赋值误差。为了说明这一点，请考虑要素15"预习策略"。预习的效果并不能在课堂上立即显现出来。相反，"预习策略"的效果是让学生能够更容易理解呈现给他们的全部信息。要观察这一效果，我们必须在整堂课中观察学生意识和理解力的提升。如果观察者只在教室里待了很短的时间，并且在学生还没有机会证明他们因预习而提高了理解力时就离开了，观察者可能会记录发展水平（2）或者更低，而这只是因为他没有在教室里观察足够的时间。

抽样误差

根据NASOT模式，教学观察对象包含43个教学要素，这些要素分布在10个设计领域，这些设计领域又被分成3个总体类别。如果全年对教师进行足够频次的观察，那么所有43个要素都可以被观察到。当然，以上这句表述中最关键的是"足够频次"。为了确保43个要素都被观察到，教师需要被观察多少次？这是一个很难精准回答的问题，但是，我们可以首先确定对教师观察的普遍次数，然后倒推，看看获得对教师行为的全面观察的可行性有多大。

当前教师评价的现实是教师被观察的频次很低。尽管"力争上游"计划（RTT）强调了观察数据的重要性，但学校仍然很少进行观察。例如，在比尔和梅琳达·盖茨基金会2012年的一项研究中，研究人员发现各学区每年对每位教师只进行两次观察。马扎诺和托斯（2013）也报告了类似的频次。

马扎诺和托斯（2013）通过研究三种主要的教学类型在课堂上实际发生的频率，强调了抽样误差的影响。在NASOT模式中，三个设计领域明确提出了不同类型的教学：设计领域三，直导教学；设计领域四，积极练习与拓展；设计领域五，灵活应用知识。虽然这三种类型的教学通常出现在同一个教学单元，但它们的使用频率并不相同。具体来说：

通过分析课堂教师的视频，我们得出结论，这三种类型的教学分别占用教师课堂上60%、35%和5%的时间。从表面上看，我们可以得出这样的结论：如果一个观察者对某个教师的课进行了5次随机观察，那么每种教学类型被观察到的概率只有18%。即使进行了10次随机观察，三种教学类型均被观察到的概率也仅增加到40%左右，换句话说，除非观察系统明确考虑到不同类型教学的策略差异，否则基于5次甚至10次随机观察的教师评分中可能会包含大量的抽样误差。

就将观察作为一种可行工具来全面了解教师个体的课堂行为表现而言，这一研究结果本身就向我们展示了一个严峻的事实：对教师只进行5次或更少频次的观察，观察者不可能看到教师在课堂上使用的全部教学策略。

误解或滥用观察方案导致的误差

教师观察中最糟糕的误差来源可能是对观察方案的误解或滥用。简单地说，当观察者没有使用适当的观察工具来衡量教师的教学技能时，就会出现这种误差。这就好像要去称一个物体的重量，拒绝使用正规制造的磅秤，而是用一个自家制作的磅秤。

这一趋势记录在一份名为《有效教学策略（MET）》的终极研究报告中。迄今为止，它是对教师评价系统进行的最全面的研究之一。与本章所讨论内容最相关的是由考特尼·A.贝尔及其同事（2014）主持的有关观察系统的报告。在MET研究之前，很少有人对观察者根据特定方案对特定教师进行评分时的思维进行实证研究。事实上，大多数关于课堂观察的指导意见都来自开放式评价研究，而非在课堂上实际观察教师的实证研究。

贝尔及其同事在2014年的研究借鉴了MET研究和另一项类似的研究——理解教师素质（UTQ）。MET观察数据来自6个州6个城市学区的近3000名志愿教师。UTQ研究包括458个中学课堂的数据。在这两项研究中，观察的都是视频记录的课堂片段。

这项研究的独特之处在于，观察数据来自评分专家以及受其培训的人（被称为第二代评分员）。评分专家通常受雇于开发某种评价工具的公司，并有偿培训使用该工具的教育工作者（即第二代评分员）。事实上，这项研究有两组观察分数：一组来自评分专家，一组来自第二代评分员。这为在评估过程中观察教师提供了一个有价值的视角，因为绝大多数学校和学区的观察者都不是评分专家。更确切地说，大多数学校和地区的评分员都是由评分专家或第二代（甚至第三代）评分员培训的。研究人员发现了一些有用且有趣的趋势。

其中一个趋势是，无论采用何种方案，观察者都需要对课堂活动中非常细微的部分做出详细的判断：

尽管有很多关于培训和观察的知识需要学习，但我们确实知道，当下的方案要求观察者仔细关注教与学的行为，并对这些行为进行评分，尤其是实时评分。这种评分方法需要对交互及其意义做出判断。方案通常要求观察者观察交互的各种不同方面，这给解析源源不断的课堂信息带来了挑战。

短时间内观察到多种类型的活动，并在此期间进行深入的判断，这使观察过程复杂化了。

从本质上来说，课堂交互是自然发生的，因此，活动、教师和环境不同，课堂交互也有所不同。一节数学课可能是复习课，而另一节数学课可能是新授课。这就给观察者带来挑战，因为他们要学着如何将评分标准应用到各种课程主题和形式中。

贝尔及其同事得出结论：课堂观察至少涉及两类任务，它们都有各自独特的挑战。

学会精准评分涉及两个相关任务：理解方案和学习如何应用方案。"理解方案"包括学习术语、课堂交互分类、时时深入理解评分标准并使之内化。"学习如何应用方案"要求观察者学习如何将特定评分标准应用于特定的教学实例中。我们的研究结果表明，观察者在这两项学习任务中都面临挑战。

研究中更令人沮丧的一项发现是，观察者的信度较低。研究人员还发现，在所有的评分方案中，对观察类别里涉及推理部分的内容是最难打分的。

课堂观察者认为较容易评分的是涉及较低的推理和有关课堂组织、行为等维度的内容，而当涉及对教师、学生和学科主题之间的交互作用进行高水平推理时，评分的挑战度就提高了。这些有挑战性的维度通常在教学领域。

从实际观察教师的实践来看，这项研究中最发人深省的部分可能是：评分专家和评分员之间存在差异。总的来说，研究发现，评分专家在评分时采用了更为严谨的方法。例如，评分专家似乎采用更系统的方法来给教师评分。

评分专家几乎总是使用评价细则、细则术语以及与评价细则相关的经验法则来推理评分。他们还记下用以解释课堂行为的笔记，重点记录对之后的评分标准有用的证据。评分专家通常不会在观察期间思考对这节课的评分，而只在观察结束后的评分环节思考。

评分专家采用了更加合理的方法来评分。在录入等级分数之前，他们会系统地审查方案中的评分标准，而评分员不会这样做。事实上，评分员更倾向于整体性评分。例如，一位评分员指出：

一般我会按照我最初的感觉去评分。我首先与其他人一起浏览评分方案，然后根据所听到的和看到的，就知道自己会给出怎样的等级分数。所以我先根据自己最初的感觉评分，然后再回头看一些我觉得需要重新审视的方面。

许多评分员认为，培训时评分专家提供的评分指导是模棱两可的。例如，一位评分员如此说：

我觉得他们教我们的东西前后不一致。比如，这个星期一位教师做的一些事情，评分专家给出一个分数，下个星期另一位教师做同样的事情，他们又给出不同的分数。

其他评分员表示，评分专家给出的解释似乎总是不清晰，而且评价方案中有些内容本来就没有表述得很清晰。遗憾的是，评分员的这些困惑从未得到解决。正如一位评分员所说：

我感觉"内容知识"是我最难评分的维度之一。我通常会有这样的感觉，虽然在用这种或那种方法评分，但是我知道那不是最好的评分方法，因为我并不能理解评价细则。评价细则里的术语令我困惑，很难理解。我很难在初级和精熟之间做出选择。有些教学很明显是精熟水平，有些教学则很明显是初级水平。但那些中等水平的教学，我通常只能凭借希望、感觉或者猜测去判断。

总而言之，对课堂观察的研究表明，未来的教师评价仍然堪忧。即使粗略审视这项研究也会得出结论：观察分数中充斥着各种各样的误差。

观察误差的后果

从某种程度上来说，前几节中所描述的几类观察误差似乎无关紧要。如果一个教师得到的观察分数过高或过低，会有什么危害呢？很显然，评分过高或过低对教师个体会造成很大的伤害，尤其是当观察分数被用来对教师的专业技能进行分类时。具体来说，当存在大量观察误差时，"有效"的教师很容易被归类为"无效"教师。

报告《收集教学反馈：将高质量观察结果与学生调查和成就成果相结合》中有更为翔实的描述。MET研究聚焦于不同教师评价体系的效度系数。效度系数反映教师评价分数和学生学习之间的相关性，其中，学生学习是通过像州考试这样的外部评价来测量的。

根据MET研究的效度数据，研究人员得出结论：如果某学区使用效度系数为0.30的观察方案，那么通过教师观察分数被划分为下四分位的那些人中，只有34%真正处于下四分位。这意味着66%的教师被错误地归为下四分位。事实上，更准确地说，14%的被归为下四分位的教师属于上四分位。当考虑到MET研究中使用的观察系统的平均效度系数仅为0.22（显著低于报告《收集教学反馈》中假设的0.30标准）时，其影响就更糟糕了。事实上，学校常用观察系统的效度系数大多也是这个水平。显而易见，在效度系数不能保证的情况下，用观察分数对教师进行有效性的分类是多么的荒唐。

即使是对这一问题进行简短的讨论，也会使人对观察误差有一个新的认识。观察误差在评价过程中不可忽略。正如上面的例子所示，教师评价中存在着很多固有的误差，因此对教师教学技能进行精准评分的概率就非常小。那些设计教师评价系统的人应该努力思考减少误差的方法，并设想一种尽可能准确而公正的教师评价过程。在本书的其余部分，我们尝试对此进行探讨。

> **每章小结**
>
> 本章介绍了教师观察的研究和理论，重点介绍了传统观察系统中存在的误差类型。我们深入分析了4种不同类型的误差：分类误差、赋值误差、抽样误差和由误解或滥用观察方案导致的误差。这些误差的潜在影响可能导致对教师整体教学效果的错误分类。显然，如果学校要准确评价教师，就需要设计更好的观察系统和方法。下一章将介绍改进课堂观察的指导原则。

第五章　成功课堂观察的原则

基于上一章的讨论，我们很容易得出结论：课堂观察不能作为测量教师水平的有效证据来源。如果观察者和评价者一直坚持以前的做法，这个结论是准确无疑的。然而，如果教育工作者在观察和评价教师时做出实质性的改变，即使观察次数相对较少，他们也可以创建一个有效的评价体系。为此，我们构建了6个原则，遵循这些原则，教师观察会更有效且可靠，当然对教师以及督导和评价教师的人也大有裨益。

原则1：课堂观察基于可测量的观察类别。观察类别数量虽少，但足以确保观察信度；观察类别数量也够多，足以对教师进行全面观察。

原则2：使用连缀法概括教师在10个设计领域的能力。

原则3：系统地邀请教师提供非观察性证据，以提高他们之前的等级分数。

原则4：根据观察性证据和非观察性证据不断更新每位教师的等级水平。

原则5：为进行比较，使用教师自评法计算10个设计领域的总分。

原则6：将课堂观察和非观察性数据中的教师得分诠释为教师能力指数。

综上所述，这些原则使观察任务更具可操作性，具体表现如下：1.通过使用观察类别，观察任务更易于管理；2.通过分析非观察性证据和持续更新的等级分数，可以更全面地观察教师教学实践；3.承认偶然进行的观察不能观察到全部的教学，同时，提供一个评价教师的公平方法。以下各节将详细介绍这6项原则。

基于可测量观察类别的课堂观察

我们改进课堂观察的第一个原则是课堂观察基于可测量的观察类别。这些观察类别数量虽少，但足以确保观察信度；观察类别数量也够多，足以对教师进行全面观察。观察者面临的一个主要问题是，有效教学涉及多种策略的使用，但观察者并不能对每位教师都进行足够频次的课堂观察，因而无法看到所有策略的使用。以NASOT模式为例，试图在一年两三次观察过程中观察到模式中的所有43个要素是不可能的。尽管这种详尽的模式对教师发展和有效教学概念的形成是适当且必要的，但是对于教学观察来说，该模式中要素的数量太多了。此外，我们认为，大幅度增加对教师的年度观察次数，短时间内不太可能实现。为了帮助解决这个问题，我们建议使用观察类别。

为了给教学模式创建观察类别，可以将冗余的要素进行组合（即具有相同基本目的的要素组合起来）。具体而言，NASOT模型的43个要素可分为31个观察类别，如表5.1所示。

表5.1　43个要素和31个观察类别

设计领域	要素	观察类别
一、明确学习目标	1.提供评分量表和量规	1.量表和量规
	2.追踪学生进步情况	2.进步追踪
	3.赞扬学生成功	3.赞扬
二、实施教学评估	4.对全班进行非正式评估	4.全班非正式评估
	5.对学生个体进行正式评估	5.对个体学生的正式评估
三、开展直导教学	6.将教学内容分块	6.教学内容分块
	7.教学内容多样化加工	7.内容加工
	8.记录和表征教学内容	8.记录和表征

(续表)

设计领域	要素	观察类别
四、积极练习/拓展	9.运用结构化练习时段	9.结构化练习
	10.区分异同	10.异同
	11.检查推理错误	11.推理错误
五、灵活应用知识	12.鼓励学生参与认知复杂的任务	12.复杂任务
	13.提供资源和指导	13.资源和指导
	14.生成与维护主张	14.主张
六、善用教学策略	15.预习策略	15.突出信息
	16.突出关键信息	
	17.复习相关内容	16.复习和完善
	18.完善知识	
	19.反思学习	
	20.精心布置家庭作业	17.拓展
	21.精细加工知识	
	22.组织学生互动	18.组织
七、鼓励学生参与	23.提醒学生注意参与课堂学习	19.注意力
	24.增强学生反应率	
	25.利用身体运动	20.精力
	26.保持有活力的节奏	
	27.全情投入教学	
	28.呈现不寻常的信息	21.兴趣和好奇心
	29.运用友好论辩	
	30.运用学习游戏	
	31.提供机会让学生述说	22.个体内驱力
	32.激励和鼓舞学生	

（续表）

设计领域	要素	观察类别
八、贯彻规则/程序	33.建立规则和程序	23.规则和程序
	34.合理安排教室的物理布局	24.物理布局
	35.审时度势把控全局	25.教学机智
	36.鼓励遵守规则和程序	26.行为反馈
	37.制止不遵守规则和程序的行为	
九、建立良好关系	38.使用言语和非言语行为对学生表达喜爱	27.言语和非言语提示
	39.理解学生的背景和兴趣	28.理解
	40.展现客观公正和自我控制力	29.客观性
十、寄予学习期望	41.对被动学习者也要看到其长处并表示尊重	30.价值与尊重
	42.对被动学习者也要深入提问	31.被动学习者互动
	43.和被动学习者一起查探不正确答案	

资料来源：©2021，罗伯特·J.马扎诺。

表5.1描述了NASOT模式中的10个设计领域以及嵌入其中的43个元素。此外，它还将43个要素分为31个观察类别。如前所述，观察类别是将具有相似目的的要素进行组合。举例来说，设计领域七"鼓励学生参与"包括10个要素：

23. 提醒学生注意参与课堂学习

24. 增强学生反应率

25. 利用身体运动

26. 保持有活力的节奏

27. 全情投入教学

28. 呈现不寻常的信息

29. 运用友好论辩

30. 运用学习游戏

31. 提供机会让学生述说

32. 激励和鼓舞学生

这10个要素分为4个观察类别：

观察类别19. 注意力

  23. 提醒学生注意参与课堂学习

  24. 增强学生反应率

观察类别20. 精力

  25. 利用身体运动

  26. 保持有活力的节奏

  27. 全情投入教学

观察类别21. 兴趣和好奇心

  28. 呈现不寻常的信息

  29. 运用友好论辩

  30. 运用学习游戏

观察类别22. 个体内驱力

  31. 提供机会让学生述说

  32. 激励和鼓舞学生

  每个观察类别内所包含要素会产生相似的结果。例如，要素25"利用身体运动"、要素26"保持有活力的节奏"和要素27"全情投入教学"都有一个共同的目标，即确保学生充满活力。这并不是说观察类别中的所有要素在教师行为或学生反应方面都以相同方式表现出来。例如，要素25"利用身体运动"表现为学生参与需要身体运动的活动。要素26"保持有活力的节奏"是教师要做的事情，而学生需要跟上教师的节奏。要素27"全情投入教学"也是教师所做的事情，而学生也要对教师的热情做出积极的反应。应用这三个要素所涉及的任一策略，都会使学生获得并表现出相对较高的精力水平。

  一些观察类别只有一个要素。例如，观察类别23"规则和程序"只有一个组成部分，即要素33"建立规则和程序"。事实上，包含一个以上要素的观察类别对评分是有一定影响的。原则2一节将对此做深入解释。

观察类别减少了在观察过程中教师需展现出来的要素数量。在NASOT模式中有43个要素和31个观察类别，它们都包含了所有的教学要素。虽然从43减少到31表面上看起来并没有减少很多，但是结合本章所述其他原则一起使用时，观察过程就更易于操作。

随着观察类别的引入，NASOT模式变成了5个层次，而不是图2.1中描述的4个层次。这5个层次如图5.1所示。

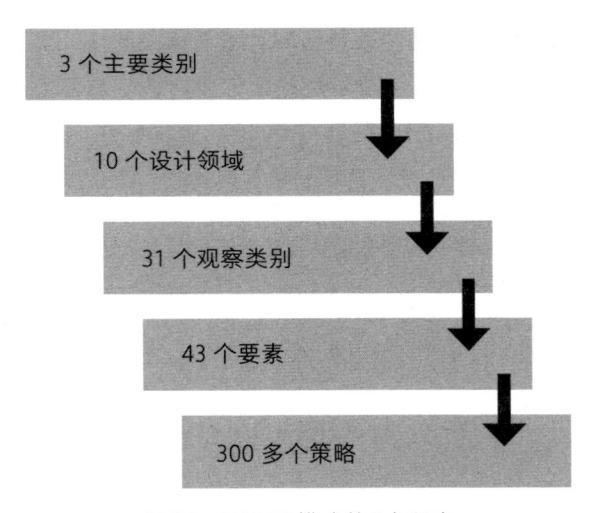

图5.1　NASOT模式的5个层次

图5.1中描述的最基本的NASOT分类是3个主要类别——反馈、内容和情境。在一节课内，教师会用到每个类别中的多种策略。10个设计领域可以看作规划课堂教学的工具。在整个教学单元中，教师通常会从某种程度上确保10个设计领域都包含在内。观察类别，顾名思义，将严格用于观察目的，其具体使用方式将在本章后续部分详细阐述。这43个要素指导教师采取特定类型的行动来激发学生的具体反应。如前所述，每个要素都是为了使学生产生特定的心理状态和过程而设计的。43个要素中的每一个要素都

包含多种策略,因此,教师可以通过多种方式激发学生预期心理状态和过程。43个要素中嵌入了300多种教学策略。

观察类别的引入使我们能够在简要概括教师能力的同时,保证教师对所使用的教学策略有详细的了解。

用连缀法概括教师能力

成功课堂观察的第二个原则是使用连缀法概括教师在10个设计领域中的能力。当观察者对教师在某设计领域中的能力进行打分时,要观察教师使用该设计领域内观察类别中各要素的有效性和协调性。为了更清晰地解释这一原则,我们将包含单要素观察类别的设计领域与包含多要素观察类别的设计领域分开阐述。表5.1表明,10个设计领域中有4个是由多要素组成的观察类别,其余6个设计领域是单要素观察类别。表5.2对此进行了总结。

表5.2 单要素观察类别和多要素观察类别的设计领域

单要素观察类别的设计领域	多要素观察类别的设计领域
1.明确学习目标	
2.实施教学评估	
3.开展直导教学	
4.积极练习/拓展	
5.灵活应用知识	
	6.善用教学策略
	7.鼓励学生参与
	8.贯彻规则/程序
9.建立良好关系	
	10.寄予学习期望

我们首先解释6个只包含单要素观察类别的设计领域。

阐释单要素观察类别的设计领域量表

在NASOT模式中，有6个只包含单要素观察类别的设计领域。如表5.2所示，设计领域一"明确学习目标"就是其中之一。该设计领域的总体目标很明确：学生理解期望他们掌握的知识的进程以及自己在这一进程中的位置。设计领域一包括三个观察类别：

1. 量表和量规
2. 进步追踪
3. 赞扬

这些观察类别中每一个都只包含NASOT模式43个要素中的一个要素。尽管该设计领域包含3个观察类别，但教师在这些类别内所应用的教学策略应共同起作用，以达成特定的预期效果——学生理解期望他们掌握的知识的进程以及自己在这一进程中的位置。表5.3展示了设计领域一的教师和学生证据。请注意3个观察类别如何协同工作才能对学生产生预期效果。

设计领域一的证据表阐明了在给教师评分时，应如何协调考虑3个观察类别的应用。虽然量表和量规（要素1）、追踪学生进步（要素2）和赞扬学生成功（要素3）都有各自独特的教学策略，但教师在该设计领域的得分仍然基于以下假设：教师必须有效使用所有3个观察类别中的策略。因此，为了使这一设计领域达到发展水平（2），教师必须提供证据证明自己使用了所有3个观察类别中的相关策略，且无重大错误或疏漏。这是判断教师在某一设计领域内的表现水平而使用的连缀法的核心要义——必须提供所有观察类别的适当证据。

想要理解如何用连缀法做决策，首先要明白连缀法涉及观察类别之间的并列关系（AND）。在基于形式逻辑和布尔逻辑运算符[①]的决策系统中，有两种主要的关系类型：并列关系（AND）和选择关系（OR）。两个原则之间的并列关系意味着两个原则必须同时满足，而选择关系是指满足其中任意一个即可。就表5.3中的3个观察类别而言，3个观察类别的并列关系意味着教师必须使用所有3个类别中的相关策略且无重大错误或疏漏，才能在设计领域一的发展水平（2）上得分。

附录B包含了10个设计领域的所有量表，以及每个设计领域的教师证据和学生证据。它还为每个设计领域提供一个决策方案。该方案详细说明了观察者依据量表给教师评分时必须遵守的规则。图5.2描述了设计领域一的观察决策方案。

决策方案的使用从步骤A开始，即观察者首先将注意力集中在发展水平（2）和教师行为上。同样，为了达到该水平的标准，教师必须能够证明他们在使用3个观察类别（量表和量规；进步追踪；赞扬）的相关策略时均没有出现重大错误或疏漏。如第二章所述，发展水平是量表的支点。评分决策从这一支点向上或向下移动，这取决于教师是否满足该水平的标准要求。

如果教师不能证明在所有3个观察类别中均无误且无疏漏地使用了策略，那么就会被评为起始水平（1）。为了在这一水平上得分，教师必须无误且无疏漏地应用其中一个或者两个观察类别，而不是3个。如果情况并非如此（也就是说，对于这3种观察类别中的任何一种，他们都没有表现出无误且无疏漏的应用），那么他们此时的表现处于不使用水平（0）。

[①] 布尔逻辑运算符用来表示两个检索词之间的逻辑关系，用以形成一个概念。有4种，分别是And（逻辑与）、Or（逻辑或）、Not（逻辑非）、Xor（逻辑异或）。是以爱尔兰柯克皇后学院的英国数学家乔治·布尔命名的。

表5.3 设计领域一（明确学习目标）的证据

总 则	
教师证据	学生证据
教师设计并传达明确的学习目标，帮助学生理解期望他们掌握的知识的进程以及自己在这一进程中的位置。	学生理解期望他们掌握的知识的进程以及自己在这一进程中的位置。

细 则		
观察类别	教师正在……	学生正在……
1.量表和量规	• 传达学习目标或主题的范围（要素1） • 传达每个主题的评价量规或能力等级量表（要素1） • 创建学生友好型能力等级量表（要素1）	• 参考评价量规或能力等级量表以确定自己必须做什么才能取得进步 • 寻求或提供帮助去理解特定评价量规或能力等级量表
2.进步追踪	• 帮助学生追踪他们在特定学习目标和测验主题方面的进步（要素2） • 使用数据档案（要素2）	• 使用评价量规或能力等级量表来追踪自己的进步
3.赞扬	• 赞扬状态（要素3） • 赞扬进步（要素3）	• 赞扬自己的状态和进步
观察类别	当被问及时，教师可以……	当被问及时，学生可以……
1.量表和量规	• 能够描述他目前关注的学习目标或测验主题以及如何创建学生友好型量规和能力等级量表	• 能够确定他们正在进行中的学习目标或测验主题
2.进步追踪	• 能够描述他如何确保学生正在追踪自己的进步	• 能够描述他们需要做什么才能提升自己在评价量规或能力等级量表上的状态
3.赞扬	• 能够描述他如何赞扬学生的状态和进步	• 表示他们以自己的状态和进步为自豪

如果教师已经达到了发展水平（2）的标准，那么此时观察者将会进而考虑应用水平（3）的标准。正如学生证据所表明的，多数学生必须展现出

预期效果，教师才能符合这一水平的标准。因此，在应用水平（3），学生证据是最应关注的焦点。

这种从教师行为到学生结果的视角转变使我们关注到一些重要的差异，即单要素证据（见附录A）与设计领域证据（见附录B）之间的差异。单一要素的学生证据相对比较集中，因为它涉及的是非常具体的学生结果类型。但对于一个设计领域来说，需要考虑多种观察类别，因此也就会有多种类型学生结果。为了解决这个问题，观察者可以使用其中一种方法或者两个一起用。

步骤	等级	描述	说明
C	4 创新	教师提供足够证据（观察性或其他）证明他识别出没有达到预期效果的学生，并调整行为或创造新策略以满足这类学生的特殊需求和情境。	若是，等级4 若否，等级3
B	3 应用	多数学生展示出足够证据（观察性或其他）证明他们理解了他们目标知识水平和当前水平。	若是，到步骤C 若否，等级2
A	2 发展	教师提供足够证据（观察性或其他）证明自己正在使用以下观察类别： 1. 量表和量规 2. 进步追踪 3. 赞扬	若是，到步骤B 若否，到步骤D
D	1 起始	教师提供足够证据（观察性或其他）证明自己至少应用了发展水平（2）中列出的一个观察类别。	若是，等级1 若否，等级0
	0 不使用	教师无法提供证据证明自己在使用发展水平（2）中列出的任一观察类别。	

图5.2 设计领域一（明确学习目标）决策方案

第一种方法是从设计领域所包含的每一观察类别中搜集学生证据。如表5.3中的证据图表所示，3个观察类别的学生证据包括以下内容：

1. 量表和量规
- 学生正在参考评价量规或能力等级量表来确定自己必须做什么才能

取得进步。

- 学生正在寻求或提供帮助去理解特定评价量规或能力等级量表。
- 当被问及时,学生能够确定他们正在进行中的学习目标和测量主题。

2. 进步追踪

- 学生正在利用评价量规或能力等级量表来追踪自己的进步。
- 当被问及时,学生能够描述他们需要做什么才能提升自己在评价量规和能力等级量表上的状态。

3. 赞扬

- 学生正在赞扬自己的状态和进步。
- 当被问及时,学生表示他们以自己的状态和进步为自豪。

用这种方法就意味着,除非观察者找到了所有3个观察类别的学生证据,否则不会在应用水平(3)上给教师评分。这并不是说在单次观察中不可能搜集全这一设计领域的学生证据。事实上,如果观察者观察整堂课并直接与学生互动,就能够记录这3类学生证据,从而在应用水平(3)上给出分数。这个方法的一个重要特征是,观察者在3个观察类别上分别记录学生证据。

第二种方法是对每个设计领域的学生行为进行总体描述。设计领域一的总体描述是"学生理解期望他们掌握知识的进程以及自己在这一进程中的位置"(见表5.3)。虽然这会涉及很多组成部分,但它有助于观察到复杂且相互关联的学生行为,并将其作为总体目标的证据。例如,观察者可能会注意到学生们正在讨论教师贴在墙上的"生命周期科学主题"能力等级量表。观察者可能还注意到,学生似乎理解量表的构成以及自己在量表上的位置。此外,学生们讨论了达到更高一级的要求。同时,观察者也许还注意到,教师已经公布了在学科能力等级量表上达到熟练水平的学生名单。总的来说,这些观察证据涵盖了所有3个观察类别,也表明学生们正在朝着预期效果迈进。然而,在这种方法中,观察者并没有分别记录每个观察类别的证据,相反,所有学生证据都是综合考虑的。

检验学生是否处于应用水平(3)的两种方法中,第一种更加严格。它

• 第二部分 • 改进教师评价

要求明确提供每个观察类别内的学生证据。不过，观察者确实可以通过与学生进行丰富互动从而收集到所有类别的证据。

阐释多要素观察类别的设计领域量表

如表5.2所示，有4个设计领域包含多要素的观察类别：

6. 善用教学策略
7. 鼓励学生参与
8. 贯彻规则/程序
10. 寄予学习期望

尽管教师仍然必须展示某设计领域内所有观察类别的证据，以获得该设计领域的得分，但教师可以在这些观察类别里选择要展示的要素。也就是说，教师不需要把多要素观察类别里的每一个要素都展示出来。

接下来，我们将以最复杂的设计领域（设计领域七"鼓励学生参与"）为例进行阐释。检验设计领域七的教师证据和学生证据是一项很复杂的工作。详情请参考表5.4中的证据。

表5.4　设计领域七"鼓励学生参与"证据

总　　则	
教师证据	学生证据
教师使用策略帮助学生聚精会神、精力充沛、好奇探究、斗志昂扬。	学生聚精会神、精力充沛、好奇探究、斗志昂扬。

细则		
观察类别	教师正在……	学生正在……
19.注意力	•监控学生个体的参与水平、监控学生整体的参与水平并要求学生汇报自己的参与水平（要素23） •使用集体答复、配对答复、答题卡、白板、基于技术的应答平台或手势、随机点名、等待时间等策略来让所有学生参与回答问题（要素24）	•知道教师正在观察他们的参与水平并在适当的时机提升自我参与水平 •以小组或全班的形式回答问题，并关注其他同学提供的答案

（续表）

观察类别	细则	
	教师正在……	学生正在……
20.精力	• 当精力水平较低时，让学生移动身体或起立并伸展四肢；利用身体运动作为一种反应率策略（例如，用脚投票、角落活动、站立并评估）或利用身体运动帮助学生表征内容（例如，肢体展示或开展戏剧相关的活动）（要素25） • 根据学生的参与度需求加快或减慢课时的节奏；确保所有教学环节都以轻快、不急促的方式进行；利用"动机钩"来吸引学生的注意力（要素26） • 建立内容与外部世界相关事物的外显联系；讲述与课程内容相关的个人故事以便于学生理解；使用幽默以激起学生对内容的兴趣，使用音量、音调、语音来强调特殊词汇或段落；使用暂停和语速调节来沟通内容强度与兴趣点（要素27）	• 积极参与身体运动的活动，展现出精力水平的提升 • 注意力水平随着教师兴趣和热情度的提升而提升
21.兴趣和好奇心	• 呈现不寻常的或吸引眼球的信息来捕捉学生的注意力；让学生探索、发现并分享不寻常的信息；邀请嘉宾与学生分享不寻常或吸引眼球的信息（要素28） • 运用友好论辩，具体策略如下：让学生解释和捍卫他们不认同话题的立场；让学生为特定事件进行投票，并讨论各自的立场；举办研讨会、法律模式、市政厅会议或辩论会；要求学生采取与自己相反的观点并捍卫该立场（要素29） • 利用非正式竞争学习游戏来复习当前单元学习内容（要素30）	• 随着不寻常信息的出现，参与水平得到提升 • 乐于参与友好论辩活动 • 热情地参与学习游戏
22.个体内驱力	• 实施兴趣调查、管理学生学习档案、利用教学暂停等策略，使学生将学习内容和他们的生活联系起来；将学习内容与学生兴趣和个人经历联系起来，使学习内容与学生生活联系起来（要素31） • 明确地培养学生的成长型思维，具体做法是：称赞努力而非智力并让学生反思自己的努力水平；让学生参与"可能的自我活动"，让他们去想象自己未来发展的模样；让学生完成一些他们感兴趣的利己项目；学生参与利他项目，使他们与超越自我的事物联系起来（要素32）	• 参与那些能帮助他们建立个人兴趣与学习内容的联系的活动 • 表明他们受到了鼓舞

（续表）

观察类别	当被问及时，教师可以……	当被问及时，学生可以……
19.注意力	•能够描述课堂上用来监控和保持注意力的各种策略	•能够解释教师对他们高参与水平的期待 •能够解释教师期待多个学生回答问题
20.精力	•能够描述课堂上用来提升学生精力水平的各种策略	•能够解释身体运动如何维持他们的兴趣并帮助他们学习 •能够描述有活力的教学节奏如何提高他们的学习成绩 •能够描述教师全情教学对他们学习产生的影响
21.兴趣和好奇心	•能够描述课堂上用来激发学生兴趣和好奇心的各种策略	•能够解释不寻常信息如何使学习内容更有趣 •能够解释友好论辩活动如何帮助他们更好地理解学习内容 •能够解释学校游戏如何促进他们对学习内容的理解
22.个体内驱力	•能够描述课堂上用来提高学生个体内驱力的各种策略	•能够解释在内容与个人兴趣之间建立联系如何使课堂变得更加有趣并促进其对知识内容的掌握 •能够描述在课堂上使他们受激励和鼓舞的各种方法

  该设计领域的任一观察类别都包含不止一个要素。观察类别"注意力"包含两个要素：提醒学生注意参与课堂（要素23）和增强学生反应率（要素24）。观察类别"精力"包含3个要素：利用身体运动（要素25）、保持有活力的节奏（要素26）和全情投入教学（要素27）。

  重申一下，教师只需在每个观察类别中选择一个要素，就可以满足对该观察类别的观察要求。举例来看，比如观察类别21"兴趣和好奇心"包含3个要素：呈现不寻常的信息（要素28）、运用友好论辩（要素29）和运用学习游戏（要素30）。教师可能无误且无疏漏地使用了"运用学习游戏"，但从未展示"呈现不寻常的信息"或"运用友好论辩"。那么，这位教师也达到了该观察类别中发展水平（2）的要求。

  总的来讲，如果某位教师在该设计领域的4个观察类别中分别无误且无疏漏地应用了其中一个要素的教学策略，那么该教师就达到了该设计领域的发展水平。例如，假设某位教师在设计领域七的观察类别中表现出表5.5中所示的行为。

表5.5 某位教师的证据模式示例

观察类别	无误且无疏漏使用策略	无证据
注意力	要素23	要素24
精力	要素25	要素26和要素27
兴趣和好奇心	要素28	要素29和要素30
个体内驱力	要素31	要素32

表5.5显示，在观察类别"注意力"内，教师无误且无疏漏地应用了要素23的相关策略，但是没有显示要素24相关策略的应用情况。在观察类别"精力"内，教师无误且无疏漏地应用了要素25的相关策略，但是没有显示要素26和要素27相关策略的应用情况。尽管设计领域"鼓励学生参与"共包含10个要素，但基于这4个要素成功实施的证据，就可以说明教师已经符合该领域发展水平（2）的标准。如前所述，其原因在于一个观察类别内的所有要素都服务于相同的基本目的。

基于此，设计领域七（鼓励学生参与）的决策方案就容易理解了。具体如表5.3所示。

步骤	等级	描述	说明
C	4 创新	教师提供充足证据（观察性或其他）证明他识别出未达到预期效果的学生并调整行为或创造新策略以满足他们的特殊需求和情境。	若是，等级4 若否，等级3
B	3 应用	多数学生展示出充足证据（观察性或其他）证明他们正聚精会神、精力充沛、好奇探究、斗志昂扬。	若是，到步骤C 若否，等级2

(接上)

步骤	等级	描述	说明
A	2 发展	教师提供充足证据（观察性或其他）证明他正在使用所有以下观察类别： 19.注意力 20.精力 21.兴趣和好奇心 22.个体内驱力	若是，到步骤B 若否，到步骤D
D	1 起始	教师提供充足证据（观察性或其他）证明他正在使用发展水平（2）中列出的至少一个观察类别。	若是，等级1 若否，等级0
	0 不使用	教师无法提供证据证明他正在使用发展水平（2）中列出的任一观察类别。	

图5.3 设计领域七（鼓励学生参与）决策方案

据此，追踪教师在要素层面上的表现是有帮助的，尤其对于多要素观察类别的设计领域而言，更是如此。附录D提供了教育工作者可以用于此目的的表格。

理解这一方法的逻辑和公平性

阅读前面章节的内容，有人可能会认为，我们所提出的教师评级的方法本身就是不公平的。毕竟，一位教师可能在某设计领域的几个观察类别里等级最高（即等级4），只有一个观察类别等级较低（即等级1），那么教师在该设计领域的等级有可能是最低的，即起始水平（1）。这种通过计算设计领域的得分确定其等级的方法很严格，但对教师而言，此评级过程也是相当公平的。如果设计领域的观察得分只是在多个观察中取平均值，那才是不公平的，因为这样做不利于教师成长。然而，我们最好将此方法视为累积大量证据的方法。

打个比方，累积证据的方法就好像是在建造一堵砖墙。底层的砖必须要固定好。一旦打下了坚实的地基，就可以在第二排砌砖了。之后，第三排的砖就可以开始铺设了，以此类推。在设计领域里，观察类别就像这些砖。设计领域内所有观察类别（即砖块）必须都达到起始水平，此设计领域才能达到等级1。然后，此设计领域内所有观察类别必须都达到发展水平，才能达到等级2，以此类推。可能一些设计领域最初会因为某个特定观察类别等级较低而导致总体等级也低，但这些等级低的观察类别恰恰就成了教师发展的目标。

依照第一章和第二章所描述的专业技能发展模型，教师进行与这些观察类别相关的刻意练习。随着时间的推移，教师和管理者都可以确信，一个教师的等级就真正代表了他的教学能力。

邀请教师提交非观察性证据

课堂观察的第三个原则是系统地邀请教师提供非观察性证据，这些证据可以用于提高他们之前的等级。这种做法或许能够驳斥传统教师观察系统中最大的谬误之一：寥寥几次观察就可以准确描述教师的通常行为。事实上，教师的日常工作差别很大。而这些差别是由于教师对教学内容、学生学习阶段以及学生社会情感状态等情况的变化做出反应的结果。周一的一节课与周二的同一节课可能有本质的不同，周三的这节课又与周二的这节课有本质的不同，以此类推。这种易变性使我们几乎不可能通过观察一小部分课程来了解教师每天的工作情况。

回想第四章所述，如果观察者只是随机听取一位教师5次课，那么观察者只有18%的概率会看到该教师对所有课型的应用。从这个角度来看，很容易就认为观察对教师评价几乎毫无价值。从孤立的角度分析，这种说法不无道理。然而，如果将观察性证据与非观察性证据相结合，就可以对教师的教学能力进行精准描述。

为了结合两种观察证据进行评价，观察者须邀请教师提供对观察证据有异议的信息。以设计领域七"鼓励学生参与"为例，假设观察完一位教

• 第二部分 • 改进教师评价

师的课之后，观察者将该教师评为起始水平（1）。这可能是因为他只无误且无疏漏地应用了其中几个观察类别的相关策略，并没有应用到该设计领域内所有观察类别（即注意力、精力、兴趣和好奇心、个体内驱力）。为了便于讨论，假定对这位教师的观察提供了以下证据：

- 注意力：发展水平（2）
- 精力：发展水平（2）
- 兴趣和好奇心：发展水平（2）
- 个体内驱力：起始水平（1）

简而言之，该教师证明自己无误且无疏漏地应用了此设计领域内三个观察类别的相关策略，但在观察类别"个体内驱力"上没有做到。

换言之，教师只需要再证明自己可以无误且无疏漏地应用一个观察类别（即个体内驱力）的策略，就可以在此设计领域里达到发展水平（2）。观察者会将这一点告诉教师，并邀请教师为该观察类别提供非观察性证据。几天后，教师可能会提交一个包含学生作品和书面评论的视频，解释他对个体内驱力相关策略的应用情况。根据这个新证据，观察者可能会将教师在设计领域七的应用水平从起始水平（1）提高到发展水平（2）。

因此，非观察性证据可以且应该作为观察性证据的补充。事实上，非观察性证据可能是教师教学技能的主要证据，只是较少被直接观察到。无论是否需要，教师都可以随时提交非观察性证据。有几种非观察性材料可以为教师教学技能提供证据，其中一些列在表5.6中。

表5.6 非观察性证据类型

非观察性证据类型	描述
对具体问题的回答	•教师在观察期间或（更可能）观察结束后与观察者进行对话，并回答观察者提出的具体问题。 •观察者也可能以书面形式向教师提出问题，并要求教师以书面形式或者录制视频的形式进行回应。 •观察者在观察期间与学生互动，询问他们关于教师如何促进学生学习的具体问题。

（续表）

非观察性证据类型	描述
书面解释	• 在观察之后，教师会书写一份报告，详细阐述他在一个观察类别内的教学行为。这并非是为了回答观察者的直接提问。相反，教师通过书面报告来举例呈现观察者没有看到的事情。这份书面报告可能与学生作品和课堂活动照片一起提交。
调查数据	• 教师完成关于自己使用特定策略的调查。 • 学生完成关于教师使用特定策略的调查。
解说视频	• 教师录制课堂上发生的特定事件的视频，并解释发生了什么，以及它的作用程度。

不断更新每位教师当前的等级水平

我们的第四个原则是根据观察性证据和非观察性证据不断更新每位教师的等级水平。如果将观察性证据视为衡量教师教学技能的唯一标准，那么由于管理者每年没有时间对每位教师进行足够的观察，会导致收集到的观察信息不足。如果加上非观察性证据，收集信息的机会就可大幅增加。此外，收集并记录每位教师的观察性证据和非观察性课堂证据，可以展示其在设计领域以及每个设计领域内要素和观察类别的水平。为了说明这一点，我们再次以设计领域七"鼓励学生参与"为例，该设计领域包含4个观察类别、10个要素。图5.4描述了第一次观察时教师的水平。

图5.4显示，首次观察在4个观察类别中所有10个要素都得到评级。但是，其中有3个要素是不使用水平（0），4个要素是起始水平（1），3个要素是发展水平（2），但这3个要素却隶属于3个不同的观察类别（即精力、兴趣和好奇心、个体内驱力）。这种跨观察类别的形式就使得该设计领域总分为起始水平（1）。

观察过后，教师了解到自己的等级并及时提交了一些非观察性证据，其中包括书面解释和学生反馈视频。观察者分析这些新证据并更新教师等级，如图5.5所示。

• 第二部分 • 改进教师评价

设计领域	设计领域等级	观察类别	观察类别等级	要素	0	1	2	3	4
七、鼓励学生参与	1	19.注意力	1	23.提醒学生注意参与课堂学习	■	■			
				24.增强学生反应率	■				
		20.精力	2	25.利用身体运动	■	■	■		
				26.保持有活力的节奏	■	■	■		
				27.全情投入教学	■	■			
		21.兴趣和好奇心	2	28.呈现不寻常的信息	■				
				29.运用友好论辩	■				
				30.运用学习游戏	■				
		22.个体内驱力	2	31.提供机会让学生述说	■				
				32.激励和鼓舞学生	■				

图5.4　首次观察结果

设计领域	设计领域等级	观察类别	观察类别等级	要素	0	1	2	3	4
七、鼓励学生参与	1	19.注意力	2	23.提醒学生注意参与课堂学习	■	■	■		
				24.增强学生反应率	■	■	■		
		20.精力	2	25.利用身体运动	■	■	■		
				26.保持有活力的节奏	■	■	■		
				27.全情投入教学	■	■	■		
		21.兴趣和好奇心	3	28.呈现不寻常的信息	■	■	■	■	
				29.运用友好论辩	■	■	■	■	
				30.运用学习游戏	■	■	■	■	
		22.个体内驱力	3	31.提供机会让学生述说	■	■	■	■	
				32.激励和鼓舞学生	■	■	■	■	

图5.5　首次提交非观察性证据后更新等级

教师提供的非观察性证据提高了自己在4个要素（要素24、27、29、31）中的等级。要素等级的提高又使得4个观察类别中3个类别（注意力、兴趣和好奇心、个体内驱力）的等级也提高了，继而将该设计领域的等级从起始水平（1）提升到发展水平（2）。

本学年后期，观察者对该教师进行第二次观察。在观察中，观察者参照表5.5去观察教师在每个设计领域、观察类别和要素上的当前水平。这使观察者能够高度专注于寻找证据。具体而言，观察者可能会特别关注教师迄今仍然等级较低的领域。第二次观察产生了如图5.6所示的更新级别。

设计领域	设计领域等级	观察类别	观察类别等级	要素	0	1	2	3	4
七、鼓励学生参与	3	19.注意力	3	23.提醒学生注意参与课堂学习					
				24.增强学生反应率					
		20.精力	3	25.利用身体运动					
				26.保持有活力的节奏					
				27.全情投入教学					
		21.兴趣和好奇心	3	28.呈现不寻常的信息					
				29.运用友好论辩					
				30.运用学习游戏					
		22.个体内驱力	3	31.提供机会让学生述说					
				32.激励和鼓舞学生					

图5.6 第二次观察后更新等级

第二次观察之后，教师在4个要素（要素23、24、26、32）上的等级都提高了，这使得4个观察类别的等级均上升到应用水平（3），从而该设计领域也上升到应用水平（3）。再次，教师得知自己的等级并很快提交更多非观察性证据。如图5.7所示，观察者分析新证据并更新等级。

等级再次提高，此时4个观察类别中有两个已经达到创新水平（4）。尽管如此，你可能会注意到该教师在此设计领域仍然是应用水平（3）。根

设计领域	设计领域等级	观察类别	观察类别等级	要素	0	1	2	3	4
七、鼓励学生参与	3	19.注意力	3	23.提醒学生注意参与课堂学习	■	■	■		
				24.增强学生反应率	■	■	■		
		20.精力	3	25.利用身体运动	■	■			
				26.保持有活力的节奏	■	■	■		
				27.全情投入教学	■	■	■		
		21.兴趣和好奇心	4	28.呈现不寻常的信息	■	■	■		
				29.运用友好论辩	■	■	■	■	
				30.运用学习游戏	■	■	■		
		22.个体内驱力	4	31.提供机会让学生述说	■	■	■	■	
				32.激励和鼓舞学生	■	■	■		

图5.7　第二轮非观察性证据之后更新等级

据之前描述的连缀法，教师必须在所有4个观察类别中都达到创新水平（4），整个设计领域才能达到等级4。

除此之外，我们还发现一些学校喜欢应用改良版的连缀法，即教师可以在某个设计领域获得部分或半分的分数。举例来说，根据图5.7所示，教师在该设计领域的得分为3.5，这表明他在4个观察类别中有两个已经达到了创新水平。

非观察性证据的加入和持续的等级更新使我们通过少量的观察就可以全面了解教师对教学策略的应用情况。事实上，如果一名评价者在一年里对一位教师进行3次精心策划的观察，再辅以非观察性证据，就足以获得一系列全面的观察证据。为说明这一点，请参考表5.7。

表5.7显示的是哪些设计领域通常每天出现，哪些不是。该表表明只有3个设计领域通常不是每天出现，分别是：开展直导教学、积极练习/拓展和灵活应用知识。这3个设计领域代表3种课型，它们可能发生在一个教学单元的某个时间点，但不是每天都发生。因此，在一次观察中，教师很可

表5.7 设计领域及其课堂发生频率

类别	设计领域	频率
反馈	1.明确学习目标	日常
	2.实施教学评估	日常
内容	3.开展直导教学	频繁（即每当教师展示新信息时）
	4.积极练习/拓展	中度（即当教师让学生参与技能或过程的拓展练习时）
	5.灵活应用知识	较少（即当教师让学生参与长期学习项目时）
	6.善用教学策略	日常
情境	7.鼓励学生参与	日常
	8.贯彻规则/程序	日常
	9.建立良好关系	日常
	10.寄予学习期望	日常

能展示出3种课型中的一种，以及每天发生的7个设计领域的证据。所以，在这次观察中，评价者可以收集到8个设计领域的证据，其中包括7个日常发生的和1个非日常发生的。

假设在对某教师进行年度首次观察中，观察者收集到直导教学和另外7个日常设计领域的观察信息。在第二次观察之前，观察者通知教师准备一堂练习/拓展课或者知识应用课。接下来，假设在第二次观察中，观察者收集到积极练习/拓展和另外7个日常设计领域的观察信息。那么，在本学年最后一次观察——第三次观察之前，观察者就会通知教师准备一堂知识应用课。因此，在第三次观察中，观察者收集到灵活应用知识和另外7个日常设计领域的观察信息。那么，在这3次观察中，评价者就分别收集到3个非日常设计领域的证据（设计领域三、四、五）。另外，在这3次不同的观察中，3次都收集了其余7个设计领域的信息。当这些证据与教师被征集或自发提交的大量非观察性证据相结合时，我们就足以对教师的教学实践进行全面且公平的了解。

将前4个原则综合考虑，可彻底改变收集教师教学技能证据的范式。新范式包含以下步骤：

1. 从观察证据开始，基于证据给每个设计领域评级。
2. 针对每个设计领域，告知教师应该提供何种证据才能提升到更高一级。
3. 教师提交非观察性证据后，根据需要更新他们在设计领域内的等级。
4. 根据需要继续收集观察性证据和非观察性证据，直到全面了解教师常用教学方法。

最后两个原则分别与教师提供的证据和评价者诠释等级的方法有关。

比较观察等级和自评等级

第五个原则指出，为了便于比较，评价者应该通过教师自评来计算每个设计领域的总分。在第二章我们建议教师每年参照附录A中的自评量表对NASOT模式的43个要素进行自我评价。如第二章所述，自我评价有助于教师确定NASOT模式中特定要素的年度成长目标。评价者也可以通过自评计算出10个设计领域中每个领域的等级，这时所使用的方案与他们基于观察性证据和非观察性证据确定等级的方案是一样的。

值得注意的是，教师自评必须在形式上与教师评价过程正式分离。不过，将两者进行对比是很有意义的。具体来说，如果某位教师在某一特定要素上给自己的评级远远高于观察者依据观察性证据和非观察性证据所给出的评级，那么这种差异会促使观察者更加仔细地探究教师在该要素上所做的工作。事实上，教师自评结果会促使观察者怀疑自己之前的评级，从而继续寻找他们之前可能忽略了的教师技能证据。同样，观察者与高估自己的教师之间的讨论也可能会使该教师降低自我评级。

由于教师根据个别因素（而不是观察类别或设计领域）给自己评级，

为了便于比较，评价者需要计算整个设计领域的总等级。当把教师对43个要素的自我评价等级转化为设计领域等级时，首项任务就是为每个多要素观察类别确定一个等级。如前所述，一些观察类别包含不止一个要素。表5.8列出了包含两个或更多要素的观察类别。31个观察类别中有9个包含多要素，其余22个都只包含一个要素。总的来说，这9个多要素观察类别涵盖了NASOT模式43个元素中的21个。

表5.8　多要素观察类别

观察类别	设计领域	观察类别所包含要素
15.突出信息	六、善用教学策略	15）预习策略 16）突出关键信息
16.复习和完善		17）复习相关内容 18）完善知识 19）反思学习
17.拓展		20）精心布置家庭作业 21）精细加工知识
19.注意力	七、鼓励学生参与	23）提醒学生注意参与课堂学习 24）增强学生反应率
20.精力		25）利用身体运动 26）保持有活力的节奏 27）全情投入教学
21.兴趣和好奇心		28）呈现不寻常的信息 29）运用友好论辩 30）运用学习游戏
22.个体内驱力		31）提供机会让学生述说 32）激励和鼓舞学生
26.行为反馈	八、贯彻规则/程序	36）鼓励遵守规则和程序 37）制止不遵守规则和程序的行为
31.被动学习者互动	十、寄予学习期望	42）对被动学习者深入提问 43）与被动学习者一起探查不正确答案

对于这9个多要素观察类别而言，等级最高的要素代表着该观察类别的等级。而对于22个单要素观察类别而言，观察类别的等级就是要素等级。

也就是说，教师在单个要素上的等级就被记录为该观察类别的等级。

为了说明这一点，请参考图5.8中所呈现的设计领域七"鼓励学生参与"的相关信息。回想一下，该设计领域包含4个观察类别，每个观察类别都包含多个要素。图5.8描述了一位教师在学年初对该设计领域的所有要素进行的自我评价。第二列描述了教师的自评等级。第三列指出了每个要素所属的观察类别。在第四列中，评价者通过检查观察类别内各要素的等级并选择最高等级，从而为每个观察类别定级。例如，"注意力"观察类别包含两个要素（要素23、24）。在两者之中，要素23等级较高，也因此成为该观察类别的等级。观察类别"精力"包含3个要素（要素25、26和27），要素26的自评等级最高，也因此成为该观察类别的等级，以此类推。

设计领域七包含要素	自评等级	观察类别	观察类别等级
23.提醒学生注意参与课堂学习	3	19.注意力	3
24.增强学生反应率	2		
25.利用身体运动	1	20.精力	2
26.保持有活力的节奏	2		
27.全情投入教学	1		
28.呈现不寻常的信息	2	21.兴趣和好奇心	4
29.运用友好论辩	1		
30.运用学习游戏	4		
31.提供机会让学生述说	1	22.个体内驱力	2
32.激励和鼓舞学生	2		

图5.8　4个观察类别内各要素教师自评表

每个观察类别的等级一旦被选定（对于多要素观察类别来说，选最高等级）或者直接确定（对于单要素观察类别来说，要素等级即观察类别等级），教师自评等级就应运而生，然后评价者就可以编制整个设计领域的等

观察类别	观察类别等级	设计领域	设计领域等级
1.量表和量规	2	一、明确学习目标	1
2.进步追踪	2		
3.赞扬	1		
4.全班非正式评估	3	二、实施教学评估	3
5.对个体学生的正式评估	3		
6.教学内容分块	3	三、开展直导教学	3
7.内容加工	4		
8.记录和表征	3		
9.结构化练习	3	四、积极练习/拓展	2
10.异同	2		
11.推理错误	4		
12.复杂任务	1	五、灵活应用知识	1
13.资源和指导	4		
14.主张	2		
15.突出信息	4	六、善用教学策略	3
16.复习和完善	4		
17.拓展	3		
18.组织	4		
19.注意力	3	七、鼓励学生参与	2
20.精力	2		
21.兴趣和好奇心	4		
22.个体内驱力	2		
23.规则和程序	4	八、贯彻规则/程序	3
24.物理布局	3		
25.教学机制	3		
26.行为反馈	4		
27.言语和非言语提示	4	九、建立良好关系	2
28.理解	3		
29.客观公正	2		
30.价值和尊重	3	十、寄予学习期望	3
31.与被动学习者互动	3		

图5.9 基于教师对43个要素自评的观察类别和设计领域等级

级了。具体如图5.9所示。

根据31个观察类别的等级，评价者可以利用连缀法（见第79页和附录B中的方案）计算设计领域的等级。例如，如图5.9所示，设计领域七"鼓励学生参与"中4个观察类别的等级分别是3、2、4、2。根据该设计领域的评价方案，第一步（步骤A）要询问教师是否在该设计领域内所有观察类别上都至少达到了发展水平（2）。结合以上分数看，答案是肯定的，所以下一步（步骤B）是询问教师是否在该设计领域内所有观察类别上都达到了应用水平（3）。显然，答案是否定的，因此，教师在该设计领域达到了发展水平（2）。图5.9中的第4列呈现了各设计领域的等级。

如前所述，有两种评价结果，一种来源于教师的自我评价，另一种则来源于观察性和非观察性证据，其中，前者是后者的参考点。

实际上，评价者应该不断地将来源于评价过程的设计领域等级与教师自评等级进行比较。当两者相同时，评价者会理所应当地认为他们的评价过程是准确的。当教师自评等级高于评价者给出的等级时，评价者就需要与教师进行沟通，要求教师提供更多自评证据或者重新考虑自我评价。当教师自评等级低于评价者给出的等级时，评价者就需要重新审视所收集证据及对其诠释的准确性。总之，这两种结果的存在都意味着教师评价是一种合作行为。

将评价等级诠释为教师能力指数

改进课堂观察的第六个也是最后一个原则建议，评价者应将教师的评价等级（基于观察性证据和非观察性证据）诠释为教师能力指数。就人类行为而言，能力的意思是做某事的技能或者胜任度。那么，就教学而言，观察性证据和非观察性证据应该用来衡量教师对自己选择的特定或一套教学策略的应用能力，而非衡量他的日常教学行为。

我们已经看到，认为对教师进行观察时的所见所闻就代表了该教师的通常教学行为，这是一种谬误。如前所述，如果观察者对多节课进行拓展观察，那么从理论上讲，他可以观察到教师的通常教学行为。然而，所需的观察次数远远超过目前的2—3次。即使进行10次随机观察，也只有40%的机会观察到所有3种主要课型；5次随机观察则只有18%的概率。因此，在今天的评价系统中，计算教师应用教学策略的主要倾向是根本不可能的。

既然不可能通过足够的观察来对教师的通常行为进行充分取样，那么我们建议将教师在教学方面的总体等级诠释为衡量其能力而非主要教学倾向的指标。这种诠释方式的变化对教师观察性证据和非观察性证据的性质和功能产生深刻的影响。如果摒弃"可以衡量教师通常行为"的观念，转而从能力角度去看待该问题，那我们就可以结束每年似乎没完没了的教师观察任务。

我们应该注意到，对衡量教师的通常行为的挑战而言，采用能力视角可能是一种必要的妥协。当然，最好从教育学视角来了解教师的主要教学倾向，因为它能展示出教师的通常行为。这不仅可以相对有效地确定每位教师最迫切的教学发展需求，还可以避免能力视角的一些内在弱点，比如，能力测量视角并不能防止由缺乏使用所导致的技能下降，以及由教师倦怠所导致的整体教学效果缺失。

然而，尽管存在诸多局限性，能力测量视角仍然有很多优点。首先也是最重要的一点是，在现实的K-12环境中，可靠、有效地对能力进行测量是可实现的。如本章所述，仅仅因为所需观察频次和课型，就不可能可靠、有效地衡量教师的通常教学行为（至少在撰写本文时和可预见的未来）。其次，能力测量不需要每年收集同一类型的观察数据。最后，一旦教师能证明他有能力在10个设计领域实施关键策略，从而对多数学生都产生了预期影响，管理者就不必每年都去收集该教师的全面证据。我们将在下一章对此进行深入讨论。

每章小结

本章详述了在只需少量实际观察结果而主要依赖教师提交非观察性证据的情况下，如何计算教师的教学能力等级。这些非观察性证据可由观察者征集，也可由教师自主提交。本章还阐述了一种方法，用于解决教育工作者在试图通过少量观察结果来确定教师的主要教学倾向时遇到的难题。

第六章 教师评价的新范式

编写本书的默认前提是，当前的教师评价范式是不完美的。尽管前面章节中阐述了教师评价并讨论了它的缺点，但我们并没有提出改变当前教师评价范式的建议。本章将进行详细阐述。

通常，教师评价系统能够计算出两个主要的教师等级分数，一个与教师课堂实践有关，一个与学生学业成长有关。将两个分数汇总，并据其将教师归为能代表其整体教学效能水平的相应类别中。美国多数州使用如下四类名称：

- 高效
- 有效
- 需要改进
- 不满意

全美范围内普遍使用这四种类别是"力争上游"计划（RTT）及随之而来的资助带来的衍生品。尽管这些类别名称似乎有一定效度，但美国各地划分教师类别的方式差异很大。

应该重新思考并改革计算教师等级分数并对其进行有效性分类的过程。如引言中所述，常用评价和评级方法相互矛盾且不准确。事实上，研究表明，用不同的方法来加权教师评价的各个组成部分的等级分数，会导致截然不同的总分。为使教师评价更加公平统一，我们提出以下三类建议：

（1）课堂实践评级;（2）基于学生成长的教师评价;（3）汇总评分并记录关键决策。我们首先阐述建议一：课堂实践评级。

•第二部分 • 改进教师评价

课堂实践评级

正如本书所述，教师的课堂实践评级是基于观察性证据和非观察性证据进行的。第四章和第五章为以下课堂实践评级的三条建议奠定了基础。其中，每条建议都以第五章中6原则的实施为前提。

建议一：将10个设计领域的总等级分数汇总生成教师教学总分。

建议二：一旦教师的教学技能被认定为有效类，就放宽对他们每年提供观察性证据和非观察性证据的要求，并激励其改进。

建议三：引入非教学类评价类别，但使用不同类型的量表。

以下各节将详细介绍这些建议。

生成教学总分

第一个建议是将10个设计领域的等级分数汇总生成教师教学总分。年终对教师进行评价时，教师应该在10个设计领域中的每个领域都有等级分数（如果使用了NASOT模式的话）。评价者可采用多种方式将这10个等级分数汇总成整体教学总分。我们介绍两种方法：（1）未加权平均法和加权平均法；（2）连缀法。

● 未加权平均法和加权平均法

平均总分是多数学校和学区默认使用的方法。学校或学区可能会用到未加权平均法或加权平均法。如果学校或学区对10个设计领域中的每个领域都均等评价，那么未加权平均法就是有意义的。为了说明这一点，假设一位教师已经得到了如图6.1所示的年终总分。

10个设计领域的未加权平均分数为2.6。重要的是，未加权平均数是一种补偿方法，即高分可以弥补低分。根据定义，平均分数并不能凸显出10个设计领域中的问题领域。从理论上讲，教师可能会有被平均分所掩盖的极低分。例如，假设一位教师在某个设计领域的等级分数为0（不使用水平）。这一薄弱教学领域可能被另一个设计领域的等级分数4(创新水平)抵消。

设计领域	等级总分
1.明确学习目标	2
2.实施教学评估	3
3.开展直导教学	3
4.积极练习/拓展	2
5.灵活应用知识	1
6.善用教学策略	2
7.鼓励学生参与	2
8.贯彻规则/程序	4
9.建立良好关系	4
10.寄予学习期望	3
未加权平均分	2.6

图6.1　10个设计领域等级总分示例

当学校或学区采用加权平均法时，那只是将某些设计领域看得比其他领域更重要。如图6.2所示。

图6.2中，后4个设计领域的权重是前6个设计领域的两倍。加权平均分为2.79，高于未加权平均分。这是因为教师在2个较高的加权设计领域获得2个高分（等级4，创新水平）。

设计领域	等级总分	权重
1.明确学习目标	2	1
2.实施教学评估	3	1
3.开展直导教学	3	1
4.积极练习/拓展	2	1
5.灵活应用知识	1	1
6.善用教学策略	2	1
7.鼓励学生参与	2	2
8.贯彻规则/程序	4	2
9.建立良好关系	4	2
10.寄予学习期望	3	2
加权平均分	2.79	

图6.2　加权平均分示例

• 第二部分 • 改进教师评价

未加权平均分或加权平均分是对教学技能进行分类的基础，依照等级分数的高低将教师技能归为四类中的一类。表6.1提供了一种归类方案。

表6.1　教学效能类别的等级分数标准

类别	分数
高效	3.00或更高
有效	2.00—2.99
需要改进	1.50—1.99
不满意	低于1.50

根据表6.1所提供的方案，无论采用未加权平均分还是加权平均分，图6.1和图6.2中所示的设计领域等级总分都处于2.00—2.99之间，说明该教师将被归类为"有效"教师。

● 连缀法

第五章中，我们首先利用连缀法将观察类别的等级分数汇总成设计领域的等级总分。评价者也可以用连缀法将10个设计领域的等级总分再汇总计算成一个整体教学总分。在此，我们再次推荐连缀法。

使用连缀法计算教学总分的方法之一就是设置满足最低等级的设计领域的数量标准。例如，要想被归为"有效"类别，10个设计领域中教师必须有9个达到应用水平（3）。要想被归为"高效"类别，10个设计领域中教师至少有4个达到创新水平（4），其余均在应用水平。表6.2展示了使用连缀法计算教学总分的数量标准。

使用此标准的连缀法，设计领域等级分数如图6.1和图6.2的教师将被归为"有效"类别。这恰好与通过平均数计算而来的归类结果相同。连缀法的不同之处在于，教师能够准确地知道自己应该如何做才能提升到更高类别。具体来说，该教师必须将设计领域一、四、五、六、七至少提高到等级3，另外2个领域提高到等级4。我们相信这种明确性是使用连缀法的主要优势。它提供了明确的目标领域，让教师可以基于此进行刻意练习。

表6.2 教师效能类别的连缀标准

效能类别	标准
高效	所有10个创新设计领域都达到应用水平（3），其中至少有2个达到创新水平（4）。
有效	10个设计领域中至少有9个达到发展水平（2）。
需要改进	2个设计领域达到初始水平（1）或更低。
不满意	3个或更多设计领域处在初始水平（1）或更低水平。

放宽对"有效"教师的要求

我们关于课堂实践评级的第二条建议是，一旦教师的教学技能被认定为"有效"类别，就放宽对他们每年提供观察性证据和非观察性证据的要求，并将重点转移到激励其改进上。本建议是第五章所述原则六（将分数诠释为教师能力指数）的具体体现。目前，在许多学校系统里，每年都对教师进行新的评价。于是，每位教师每年都要证明自己很好地使用了教学策略。这就形成了一个永无休止的循环：管理者观察教师，而教师则提供证明自身能力的非观察性证据。每年花费大量精力和资源来收集教师能力的证据，使整个教师评价工作疲惫不堪。

为了改变这种状态，我们假设已经证明自身教学能力（即教学技能被认定为"有效"类或更好类别）的教师，其教学技能已经接受了充分的审视，无须每年都提交所有10个设计领域的观察性证据和非观察性证据。如第五章原则六所述，达到这一水准就证明了教师的教学技能。

这并不是说，通过了审查的教师就无须得到反馈。事实上，通过审查的教师也仍然应定期收到反馈，如可通过简短观察提供反馈。在这种简短观察中，评价者对教师持续的积极实践进行评价并寻找那些似乎已经滑到最低评级标准以下的设计领域。例如，某学区要求教师在任何课程类型中，对设计领域七内策略的应用都达到或高于应用水平（3），才能被认定为"有效"类别。对某位已经被认定为"有效"类别的教师进行几次简短观察和讨论之后，管理者可能会担心该教师在此设计领域已经达不到应用水平。这时管理者就有可能仅要求教师提供非观察性证据以证明其仍能达到应用水平。有时候，教师的教学技能在某些设计领域内可能真的有所下降。这时，管理者和教师就会制订并实施计划以恢复已退化的教学技能。

这一建议的另一目的是，评价系统应该激励已达到"有效"类别的教师努力提高到"高效"类别。人们很容易认为，加薪和绩效奖金是不错的激励措施。有资源和意愿的学校和学区当然应该这样做。但是，另一种激励形式是授予称号。教学能力达到"高效"类别的教师应该被授予一个称号，比如"教学策略大师"。正式授予具有高水平教学技能的教师以称号，这种做法的成效已经得到深入探讨。简而言之，这些教师可以作为其他教师的榜样和导师。另外，如第三章所述，这样的教师也定会被邀请成为观摩课的主角。

引入非教学类评价类别

生成教学总分的第三条建议是引入非教学类评价类别，但使用不同类型的量表。除了教师在课堂上使用教学策略的相关信息以外，评价系统通常还需要其他信息。例如，罗伯特·J.马扎诺、托尼·弗龙捷和大卫·利文斯顿（2011）建议学校和学区为三个非教学领域制定评价量表：（1）规划和准备；（2）反思教学；（3）合作精神和专业精神。

与反馈、内容和情境的大体分类相似，每一个非教学领域也包含各自的特定设计领域。比如，"规划和准备"可能包含以下设计领域：

- 规划和准备课程和单元
- 规划和准备材料、技术的使用
- 针对学生的特殊需求进行规划和准备

与教学设计领域一样，每个非教学设计领域也会包含特定的要素。例

如,"规划和准备课程和单元"包含以下要素:
- 规划和准备为单元教学内容设计有效学习支架
- 规划和准备单元内课程,以促进对内容的深入理解和传递
- 规划和准备关注既定内容标准

最后,每个要素都有各自的量表。例如,图6.3描述了"规划和准备为单元教学内容设计有效学习支架"的量表。

创新水平	应用水平	发展水平	起始水平	不使用水平
在帮助其他教师提供内容支架方面,教师是公认的领导者。	在课程中,教师提供内容支架的方式是:每一条新内容都建立在先前内容的基础之上。	教师提供内容支架,但是并没有详细呈现内容要素之间的关系。	教师尝试提供内容支架,但是没有成功或没有坚持到底。	教师没有试图提供内容支架。

图6.3 "规划和准备为单元教学内容设计有效学习支架"量表

在"不使用水平",教师不会明确设计课程内容支架。他们可能会制订教学计划,但是不会描述他们如何为课程内容设计学习支架。在"起始水平",教师可能会在教学计划中提到学习支架,但是不会提供学习支架的详细信息。在"发展水平",教师会提供学习支架的具体内容,但是不会描述内容主题之间的关系,比如,一些内容可能是另一些内容的基础,一些内容也许是多个主题之间关系的衍生品。在"应用水平",教师明确了内容主题之间的关系。在一个教学单元中,随着课时的推进,知识也在逐步拓展。在"创新水平",量表的测量重点发生了转移,从教师个体专业技能转移到了支持他人发展专业技能。

当然,对非教学量表的等级描述与对教学策略量表的等级描述不同(见附录A)。教学要素量表强调学生对教师行为所作出的回应,而非教学量表则相反,仅涉及教师行为。因为非教学要素仅包含教学准备活动,并不能在课堂上实时测量。理想情况下,教师应该在专业学习共同体

(PLC)[①]中尽可能地就这些活动进行协作。教师在这方面的领导力意味着在该评价类别中的最高表现水平。

可以采用补偿法（未加权平均你或加权平均分）或者连缀法来计算规划和准备、反思教学、合作精神与专业精神的等级总分。然后评价者可以再次使用补偿法或连缀法将这些非教学领域的分数与教学领域分数相结合。或者，评价者可以将教师在各个非教学领域的总分单独存档，并将其分别与教师其他的分数相结合。本章最后一节将对此进行讨论。

基于学生成长的教师评价

本节讨论基于学生学习成长的教师评价建议。一般来说，教师评价总分中大约有一半取决于其学生的学习成长。教师评价系统通常在年底通过某种州级测验方式来衡量学生的学习情况。例如，在数学方面，特定年级的学生会参加一个州级的测验。在引言中，我们介绍了年终测验的一些技术问题，以及用于计算教师增值指标（VAM）的公式。虽然这些都是很重要的问题，但是我们在此要考虑一个更关键的问题：年终测验在多大程度上可以反映某一教师课堂上学生的学习情况？坦率地说，这种年终测验的效度非常低。此问题在K-12教育中普遍存在。例如，斯蒂芬·W.劳登布什（2005）认为，尚未找到一个可以衡量学生所学知识的好方法，这是教育研究的致命弱点：

事实上，可能有人会说，未能系统地参与创造良好教学策略的进程，是教学创新评价研究的致命弱点。如果该进程被忽略、被轻视或者管理不当，我们将以高信度来测量错误的结果，而以低信度来测量正确的结果，或者，在最坏的情况下，我们甚至不知道我们在测量什么。如果我们不知道我们在测量什么，那么探讨因果关系（新的干预措施是否

[①] 专业学习共同体（Professional Learning Communities），是以自愿为前提，以"分享（资源、技术、经验、价值观等）、合作"为核心，以共同愿景为纽带把学习者联结在一起，进行互相交流和共同学习的组织。

会提高成绩）将毫无意义。如果我们以低信度测量了正确的结果，那么即使一个新方案有效，我们也可能会认为该方案无效。如果我们以高信度测量了错误的结果，我们可能会觉得此"干预"有效，但事实上我们永远也不会知道它是否能实现我们的目标。

虽然劳登布什的评论侧重于确定特定干预措施（比如一个新教学策略或计划）的效果，但它们同样适用于确定特定教师的教学效能。如果我们在特定教师的课堂上以高信度测量了错误的学生成绩，或者以低信度测量了正确的学生成绩，那么我们很可能会错误地将"有效"教师归为"无效"教师，或者将"无效"教师归为"有效"教师。我们认为州级年终测验很有可能把重点放到错误的学生成绩上。

可基于学生学习成长完善教师的评价等级，对此我们有4条建议。这些建议是基于以下事实：目前在测量个体教师的学生成长的过程中，并不能发现测量该教师课堂上学生学习增量的最佳方法。

建议1：将评价与代表学生实际所学的内容主题相结合。

建议2：根据能力等级量表生成评价题目。

建议3：严格设计预评估和后评估并评分。

建议4：使用基于前后测的成长指标。

以下各节将详细介绍这些建议。

教学与评价相结合

我们的第一条建议是关于改进基于学生学习的教师评价过程，即建议确定代表学生实际所学内容的主题。通常，州级年终测验直接以州的教学标准为基础，表面来看，这似乎没有问题。遗憾的是，州级教学标准通常过于宽泛，且内容繁多，教师必须对自己所教内容进行个人的选择。罗伯特·J. 马扎诺、詹妮弗·S. 诺福德和迈克·鲁伊尔（2019）提出了州级标准的一些问题，例如标准包含太多内容以致无法在一年内学完、标准陈述过于繁杂。谈到对教师课堂实际所教内容创建评价方式，他们解释说，即使学校或学区确定了一个评价标准，该标准也可能会涵盖太多主题，以致教师很难缩小教学重点。如图6.4所示。

图6.4描述了涵盖不同年级和学科领域的单个标准中所嵌入的各种主题。分析此图，很明显可以看出，即使是单个标准陈述，教师也必须选择嵌入其中的一个或多个主题作为教学重点，而标准陈述本身对此并没有提供足够的指导。如果教师选择了一个或多个在年终测验中并不涉及的主题，那么学生可能会学到很多东西，但仅仅因为未包含与年终测验相关的内容，所以考试成绩会很差。

马扎诺及其同事（2019）提出了解决这一问题的方案。地方学校和学区应该确定标准的测量重点，以使教师为评价负责。图6.5描述了一个示例，它阐明了每个标准的评价重点。另外，最后一列包含了一个非常简短的主题，它们重点解释了"测量主题"。测量主题及附带的重点解释用于为评价内容创建能力等级量表。

我们已经在许多著作中论述了能力等级量表的性质和功能。（关于能力等级量表发展史的讨论，见马扎诺，2018a。）能力等级量表的通用形式如图6.6所示。

学科	标准和主题
艺术	5—8年级，纲要3 1.了解灯光和服装如何提升舞蹈的效果 2.了解灯光如何提升舞蹈的效果 3.了解服装如何提升舞蹈的效果 4.了解舞蹈表达内涵的不同方式
体育	3—6年级，纲要3 了解体育活动的不利影响（例如，肌肉酸痛、过劳性损伤、过度训练、暂时性疲劳和肌无力） 1.了解体育活动会产生不利影响 2.了解体育活动的不利影响：肌肉酸痛 3.了解体育活动的不利影响：过劳性损伤 4.了解体育活动的不利影响：过度训练 5.了解体育活动的不利影响：暂时性疲劳 6.了解体育活动的不利影响：肌无力

（接上）

学科	标准和主题
阅读	6—8年级 运用多种策略扩展阅读词汇 　1.使用类比、成语、明喻、隐喻来推断字词或比喻短语的含义 　2.使用定义、重述、举例、比较和对比来验证词义 　3.识别意义的细微差别 　4.知道外延和内涵的意义 　5.了解与不同内容领域和时事相关的词汇 　6.使用韵律词典、分类书籍、词源词典
社会科学	3—4年级，K-4历史，纲要3 了解家庭很久以前表达和传递信仰与价值的方式：口头相传、文学作品、歌曲、艺术、宗教、社区庆典、纪念品、食物和语言（例如，庆祝国庆节、宗教仪式、民族和国家传统；视觉艺术和手工艺；赞美诗、谚语和歌曲） 　1.了解家庭很久以前通过口头相传的方式表达和传递信仰和价值 　2.了解家庭很久以前通过文学作品的形式表达和传递信仰和价值 　3.了解家庭很久以前通过歌曲的形式表达和传递信仰和价值 　4.了解家庭很久以前通过艺术形式（包括视觉艺术和手工艺品）表达和传递信仰和价值 　5.了解家庭很久以前通过宗教和宗教仪式来表达和传递信仰和价值 　6.了解家庭很久以前通过社区庆典来表达和传递信仰和价值 　7.了解家庭很久以前通过制作纪念品来表达和传递信仰和价值 　8.了解家庭很久以前通过烹饪食品来表达和传递信仰和价值 　9.了解家庭很久以前通过语言来表达和传递信仰和价值 　10.了解家庭很久以前通过庆祝国庆节来表达和传递信仰和价值 　11.了解家庭很久以前通过民族和国家传统来表达和传递信仰和价值 　12.了解家庭很久以前通过赞美诗来表达和传递信仰和价值 　13.了解家庭很久以前通过谚语来表达和传递信仰和价值
写作	K-2年级 使用策略起草和修改书面作品 　1.重读 　2.重新排列单词、句子和段落，以改进序列或阐明含义 　3.改变句子类型 　4.添加描述性文字和细节信息 　5.删除无关信息 　6.采纳同伴和教师的建议 　7.突出重点

图6.4　内容标准的多个主题

学科	标准	重点陈述	测验主题
艺术（舞蹈）（5—8）	学生展示出一系列动作标准。	在一个舞蹈情境中执行两个或多个动作标准（比如：折叠、节奏、悬浮）	舞蹈动作
公民学（9—12）	学生们知道共和主义的主要思想（例如，共和国政府追求的是公众利益或公共利益，而不是某一特定群体或阶层的利益；公民的"公民美德"至关重要，公民将公众利益或公共利益置于私人利益之上）。	知道共和主义的特点	共和主义
经济学（9—12）	学生们明白，大部分联邦税收来自个人所得税和工资税，这些税收用于资助教育、公共福利、道路建设和维修以及公共安全。	知道联邦税收的来源及使用	联邦税收
外语（9—12）	学生使用目标语言及其习语来展示适当的文化反应（例如，表达谢意、发出和收到邀请、结束对话、协商解决问题的方法）。	运用习语和语言表达适当的文化反应	使用习语
地理（3—5）	学生知道物理过程产生的景观模式（例如，河流系统的流域、阿巴拉契亚山脉的山脊和山谷模式、山脉迎风和背风面的植被）。	了解特定类型的景观模式	景观模式
健康（3—5）	学生设定个人健康目标并朝着目标前进。	执行设定个人健康目标的过程	个人健康目标
语言艺术（9—12）	学生使用阅读策略和技巧来理解各种信息文本（例如，教科书、传记概述、信件、日记、说明、程序、杂志、文章、原始资料）。	执行特定阅读策略和技巧	阅读策略

第六章 / 教师评价的新范式

（接上）

学科	标准	重点陈述	测验主题
数学（3—5）	学生理解样本的基本概念（比如，大样本可带来更可靠的信息；小部分样本可能有自己独特特征，但不能准确代表整体）。	知道样本的特征	样本
体育（K-2）	学生控制身体各部位的行动（例如，向后移动并快速安全地改变方向，且不摔倒；根据不同的节奏改变速度和方向；跟随音乐进行身体移动）。	在不同身体活动中控制身体各部位	身体控制
科学（K-2）	学生们知道太阳为地球提供光和热。	知道太阳和地球的关系	太阳和地球
技术（3-5）	学生使用正确的指法，从基准键位开始，并在使用键盘时保持正确的姿势。	使用键盘打字	打字
美国历史（7-8）	学生了解爆发内战的原因及其结果（例如，双方经济、技术和人力资源的差异；《解放黑奴宣言》对战争结果的影响）。	知道导致内战的事件和战争的结果	内战的起因和结果

图6.5　重点陈述和测验主题

图6.6中的量表有5个等级：4、3、2、1和0。能力等级量表的支点是等级3。它包含从分析和重写标准陈述而生成的重点陈述（如图6.5所示）。当学生展现出等级3的能力时，我们认为他已达到熟练程度。要想达到熟练程度，等级2的内容是必要也是足够重要的，应该将这一内容直接教给学生。之所以直接教给学生，是因为教师不能确定所有学生都知晓这部分内容。等级4的内容是高阶内容。它通常要求学生将等级3的内容应用到新情境中，而这新情境并不是在课堂上直接教授的。等级1不包括新内容。相反，它意味着学生不具备独立展现任何内容的能力，但是在有帮助和提示的情况下，可以至少展现一部分能力。最后，等级0表示，即使有帮助，学生也无法在

• 第二部分 • 改进教师评价

量表中阐述的任何内容表现出哪怕任一部分的能力。

等级 4.0	高阶内容
等级 3.0	目标内容
等级 2.0	熟练掌握所需的简单内容
等级 1.0	在帮助下，可达成等级 2.0 和 3.0 中的部分目标
等级 0.0	即便有帮助，也不会成功

图 6.6　能力等级量表的通用形式

图 6.6 描述了只有整数等级的通用量表。为便于评价，我们建议使用半分间隔的量表。这种量表如图 6.7 所示。图 6.7 中的等级 3.0 包括通过重写标准而生成的重点陈述。括号里还包含对重点陈述如何体现的示例。等级 2.0 包含一系列词汇术语和详细信息，学生必须掌握这些内容，才能表现出等级 3.0 的能力。等级 2.0 还包括学生应该了解的基本信息以及他们能够执行的基本过程。同样，教师会在课堂上直接教授这些内容。等级 4.0 包括一项特殊任务，那就是要求学生进行超出课堂直接讲授内容的推论和应用。这只是一个任务示例；教师可以自由设计其他任务，以达到学生进行超越课堂直接讲授内容之外的推论和应用的目的。

4.0	除了达到等级 3.0 的各项要求外，学生还展示了超越所教内容的深入推理和应用。例如，学生将： • 研究导致风化和侵蚀的原因，并提出解决方案（例如，调查当地河流的侵蚀速率，确定人类活动如何影响该速率，并实施减少人类活动影响的解决方案，比如在河岸种植植被或在该区域指定行走路径）
3.5	除了达到等级 3.0 的各项要求外，能部分达到等级 4.0 的内容要求
3.0	学生将： • 确定导致风化和侵蚀的因素（例如，解释水、冰、风和植被如何导致风化和侵蚀，并确定增加风化和侵蚀影响及速率的因素）
2.5	在等级 2.0 要求的内容上无重大错误或疏漏，能部分达到等级 3.0 所要求的内容

（接上）

2.0	学生将识别或再辨识特定词汇（例如侵蚀、沉积物、水、风化、风），并表现出以下基本能力： • 解释风化和侵蚀的区别（风化将岩石和矿物分解成更小的碎片，而侵蚀将碎片从一个地方移到另一个地方） • 识别风化原因（例如，降雨量、冰、风、酸雨、水、植被） • 识别侵蚀原因（例如，风、水、重力、雪和冰） • 比较时间对风化和侵蚀的影响（例如，每天观察河流，河流似乎不会造成侵蚀，但它可在很长的时间跨度后形成峡谷） • 解释侵蚀如何导致风化沉积物的沉积
1.5	能部分掌握等级2.0所要求的内容，在等级3.0要求的内容上会出现重大错误或疏漏
1.0	在帮助下，能部分掌握等级2.0和等级3.0所要求的内容
0.5	在帮助下，能部分掌握等级2.0所要求的内容，但无法掌握等级3.0所要求的内容
0.0	即使有帮助，也一无所获

图6.7 测验主题"风化和侵蚀"半分等级量表

图6.7中的半分等级为教师提供了更多的选择来衡量学生在特定测验主题上的学习状况。如果学生的回答表明他对某一等级内容已有充足把握，但是对更高一级的内容只有部分了解，这时教师在特定评价中就可以给该学生半分等级。例如，如果学生的回答表明他知道等级2.0中的评价内容，但只了解等级3.0中的部分内容，老师给学生的等级分数为2.5。如以下建议所述，完整量表包含半分等级和2.0、3.0、4.0等整数等级，为严格的课堂评价提供了基础。

根据能力等级量表生成评价题目

一旦有了能力等级量表，教师就可以创建等级为2、3、4的内容评价题目。每个等级的评价题目都应聚焦于该等级水平的具体内容。也就是说，例如，等级2的测验应该只涉及等级2的内容。混合了不同等级内容的评价题目会让老师很难在量表上准确地确定学生的分数。为了在课堂上生成多

• 第二部分 • 改进教师评价

项评价，这些题目必须有多种呈现方式。为了说明它，请参考图6.8中关于生物体和生命周期测验主题的能力等级量表。有了这个能力等级量表，教师可以使用2.0、3.0和4.0级的内容创建各种评价题目。图6.9提供了一些示例。

4.0	除了达到等级3.0所要求的内容外，学生还展示了超越所教内容的深入推理和应用。例如，学生将： 比较和对比两种不同生物体的生命周期，解释它们如何遵循一个共同的模式，但又各具特点
3.5	除了达到等级3.0的各项要求外，能部分达到等级4.0的内容要求
3.0	学生将： 了解生物体有独特和多样的生命周期，但它们都遵循一个共同的模式（出生、生长、繁殖、死亡）
2.5	在等级2.0要求的内容上无重大错误或疏漏，能部分达到等级3.0所要求的内容
2.0	学生将识别或再辨识特定词汇（例如，出生、死亡、生长、繁殖、生命周期、有机体），并落实基本过程，例如： • 识别生命周期的阶段
1.5	能部分掌握等级2.0所要求的内容，在等级3.0要求的内容上会出现重大错误或疏漏
1.0	在帮助下，能部分掌握等级2.0和等级3.0所要求的内容
0.5	在帮助下，能部分掌握等级2.0所要求的内容，但无法掌握等级3.0所要求的内容
0.0	即使有帮助，也一无所获

资料来源：改编自马扎诺和亚诺斯基，2016。

图6.8 生物体和生命周期能力等级量表

等级2.0
第一部分：在作为生物体生命周期一部分的每一项旁边加一个X。

1. _____ 睡觉　　　　4. _____ 出生
2. _____ 死亡　　　　5. _____ 从儿童成长为成人
3. _____ 学走路　　　6. _____ 说话

第二部分：识别下图描述的生命周期的每一个元素

（接上）

```
                    蛙卵
                    蝌蚪
                    有腿蝌蚪
                    幼蛙
                    成蛙
```

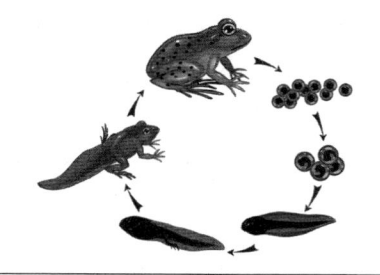

等级3.0
第三部分：为下面每个问题写一个简短答案。
1. 描述生命周期的基本模式
2. 任选下列生物中的一个，解释其生命周期：
   蝴蝶
   蛇
   狐狸
第四部分：写一段话，描述测验第二部分中图片里发生的事情。

等级4.0
第五部分：比较两种不同生物体的生命周期
   使用文字
   使用图片
第六部分：根据提示完成以下任务
   选择一种与青蛙不同的生物。画一幅代表它生命周期的图画，并解释它与青蛙在哪些方面是相同的，而在哪些方面又是不同的。

图6.9　教师分别在等级2.0、3.0、4.0上生成的题目

图6.9中的评价题目说明，教师应为每个测验主题设置多种类型的测验题目。理想情况下，在每个测验主题下，3个等级中的任意一个都应有包含10道提或更多题的题库。

采用严格的评价流程

关于"基于学生成长的教师评价"，我们的第三条建议是严格设计前测和后测并严格评分。有了根据能力等级量表设计出的充足题库，教师团队就可以为特定测验主题创建前测和后测，这些测验共同构成衡量某教师学生成长情况的基础。为此，我们为同一学科领域和同一年级的教师选择了

共同的主题。测验主题以及前后测可以由教授同一学科领域或课程的教师所组成的团队协作完成。此类协作团队可能是学区级的，这样可以确保全区使用相同的测验方式。这些主题将在相同的时间段内讲授。例如，可以为小学科学教师选择测验主题"生物体和生命周期"，要求他们计划并讲授为期4周的一个教学单元。教师们将使用共同的前测和后测，这些测验是根据由能力等级量表生成的测验主题设计出来的。

为使测验分数尽可能公正和准确，应由多个教师独立评分。各自评出的分数组合起来取一个简单的未加权平均值。例如，至少有两位教师独立地为每个前测和后测评分，取他们的独立评分的平均值，以计算每个学生的综合分数。如果一位老师给某个学生的前测分数是2.5分，而另一位教师在同一前测中给出3分，那么该学生分数就被记录为2.75分。这相当于将独立测试的分数结合起来，形成一个综合分数。劳伦斯·M. 鲁德纳（2001）和玛丽琳·W. 王以及朱利安·C. 斯坦利（1970）已经阐述过综合得分可能带来的心理益处，也提供了一些如何避免可能出现的失误的指导。简而言之，虽然对综合评分益处的系统解释颇为学术化，但是综合评分往往可以减少由单独评分所产生的误差。

衡量前后测之间的成长

关于"基于学生成长的教师评价"，我们的第四个也是最后一个建议是：使用基于常见前测和后测的成长指标。根据每个学生的前测和后测分数，评价者可以计算出衡量学生成长的各种指标。在这里我们考虑两个可能的指标：差异分数和趋势分数。

● **差异分数**

差异分数是通过将每个学生的后测分数减去前测分数来计算的。这是很常见的知识获取指标。有人批判差异分数的信度，但其他专家也质疑这种批判。回顾一下，信度是一种统计某一度量标准衡量事物的准确度和一致性的方法，信息分数越高即表示该测验的结果越一致、稳定与可靠。之所以引起争议，是因为在技术性文献中存在着关于差异分数信度的基本悖论。具体来说，前测和后测可能信度都较高，但从这两个评价中计算出的差异分数可能信度较低。约翰·威利特（1988）解释说，差异分数的低信度是由于采用了计算成长指数可靠性的传统公式。如果后测分数没有明显提高，那么这个公式将低估差异分数的信度。然而，事实上，差异分数可能就是非常稳定且合理的结果。伦纳德·S.费尔特和罗伯特·L.布伦南这样说：

> 当我们查看标准化成绩测验（如阅读）的报告数据时，不难发现5年级和6年级测验分数的信度分别约为0.88，年度相关系数为.82。因此，成长指标（差异分数）的信度通常在0.33或更低。然而，没有人会否认，五年级学生在一年的时间里会取得相当大的进步。

实际上，差异分数可以作为衡量学生成长的可行方法。（有关进一步讨论，请参见费尔特&布伦南，1989；马扎诺，2018a；威利特，1988。）

● **趋势分数**

趋势分数也采用前测和后测，但同时要求教师增加在前后测之间自行设计的测验分数，然后使用数学函数来计算最佳拟合趋势，即预测的分数与所得分数最接近的函数。马扎诺（2018a）使用图6.10演示了这一概念。

图6.10中的条形图表示某学生在特定测验主题的6个测验分数。第一个是前测分数1.5，最后一个是后测分数4.0。在前后测之间，学生在教师设计的四次测验中分别获得2.0、2.0、2.5和3.0分。注意，有3条趋势线贯穿这些数据，其中每一条都呈现了最终预测分数（即总分）。

线性趋势线从图标左边的前测分数开始，呈直线上升。计算该趋势的假设是：学习是以恒定的速率发生的。学生从第一周到第二周的学习量与他们从第二周到第三周的学习量相同，以此类推。使用线性趋势计算出该学生在测验期结束时的预测分数为3.64。

曲线趋势线从图表左侧的前测分数开始，也会增加，但有一个弯曲，最初上升快，然后趋于平稳。计算该趋势的假设是：学习速率起初很高，但随着学生遇到更复杂的内容而逐渐降低。使用曲线趋势计算出该学生在测验期结束时的预测分数为3.10。

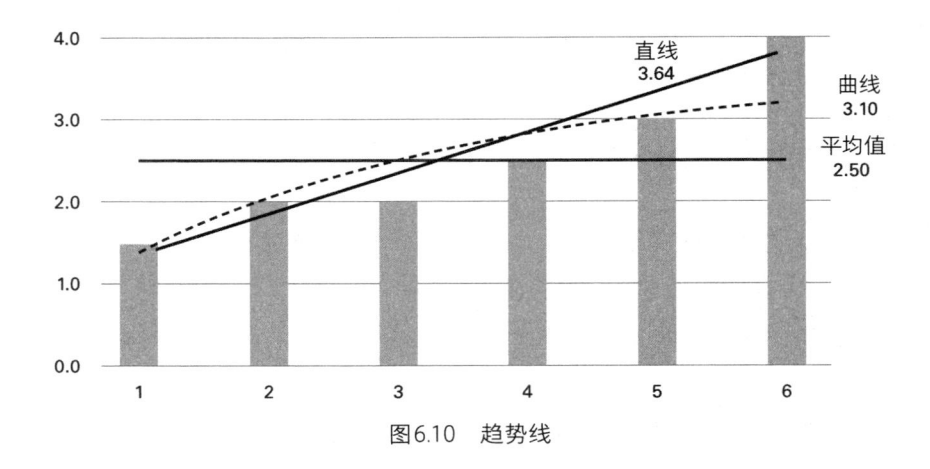

图6.10 趋势线

水平趋势线是平均值。计算该趋势的假设是：在两次测验之间没有学习发生。采用平均值计算出该学生在测验期结束时的预测分数为2.50。

评价者用数学方法比较这些预测线，以确定哪一条与学生得到的6个分数最相符。对于图6.10中的分数，线性趋势最符合，因此，该学生的总分为3.61分。（进一步讨论，请参见马扎诺，2018a；马扎诺等人，2019。）在《使课堂评估可信有效》[①]一书中有进行这些数学比较所需的所有方程式。在免费网络软件（cbe.empowerlearning.net/marzano-calculator）中也可找到。

虽然趋势分数不如差异分数直观，但趋势分数为教育者提供了衡量学生成长的方法。这种方法可以减少由评分误差而引起的误解。要知道，评分误差或多或少都会在课堂评价中发生。一旦评价者为学生选择了最适宜的成长测量趋势线，就会计算出每位教师所带班级学生的平均分数。而该平均分数代表学生在该教师课堂上所学的东西。

---

① 《使课堂评估可信有效》，英文原书名 *Making Classroom Assessment Reliable and Valid*。

汇总分数并记录关键决策

在本章中，我们讨论了3种教师评价分数：学生成长的平均分、10个设计领域的总分和非教学领域的总分。这些分数必须以某种方式汇总起来，以将每位教师划分到各州常用的四种评价类别中。《有效教师评估》（*Teacher Evaluation That Makes a Difference*）中详细介绍了多种汇总方式。简单地说，评价者还是希望将这3种分数汇总起来（而不是像前面所描述的那样，仅汇总10个设计领域与非教学领域的总分）。虽然设计领域分数和非教学领域分数使用相同的度量标准（即从等级0到等级4），但学生的成长分数则采用完全不同的度量标准。马扎诺和托斯（2013）阐述了将使用不同度量标准的分数组合成同一度量标准分数的各种方法。为了便于讨论，假设将学生的成长分数转换成与设计领域分数和非教学领域分数相同的度量标准的分数。在这种情况下，合并每位教师3种分数（现在共享一个通用的度量标准）的最简单方法是计算每位教师3种分数的加权平均数或未加权平均数。按照表6.3中的标准，这些平均数将把教师分为不同的评价类别。

表6.3　汇总分数的分数标准

类别	分数
高效	3.00或更高
有效	2.00—2.99
需要改进	1.50—1.99
不满意	低于1.50

如此表所示，3种分数的平均分为3.0或以上的教师将被归类为"高效"教师；平均分在2.00—2.99之间的教师将被归类为"有效"教师，以此类推。

显然，评价者在设计新评价系统时必须做出许多关键决策。这些决策必须记录在案且提供给所有人。马扎诺和托斯（2013）强调了制定并记录有关评价系统特征的决策的重要性。具体如下：

- 评价模式中使用的特定教学要素
- 评价模式中使用的特定非教学要素
- 是否使用加权平均数或未加权平均数
- 是否使用连缀法以及决定是否使用连缀法的规则
- 观察性证据和非观察性证据的使用程度
- 教师观察的典型次数
- 将教师归为各评价类别时使用的分类逻辑

关于如何评价和诠释学生成长，劳拉·戈和林恩·霍尔德海德（2011）建议评价者记录如何确定评价的严格性，以及如何确定衡量学生成长的时间间隔。

记录用以设计评价系统的决策不仅能使人们了解评价组成部分，而且还给人们提供了一个参考点，可以随时间推移收集信息而改进评价系统。

每章小结

在前几章内容的基础上，本章提出了生成和组合代表教师教学能力和学生成长分数的新方法。教师教学能力分数是根据教学领域/非教学领域中设计领域的观察性证据和非观察性证据得出的。一旦教师被评为"有效"教师，领导者应放宽对他的评价要求，助力有效教师专注于成为"高效"或大师级教师。如果教师评价要考虑学生学习成长这一要素，那么，这个过程必须严格并与实际教授的内容保持一致。教师团队设计校本前测和后测，采用简单的公式计算前后测生成的分数可获得学生成长分数。

Epilogue ● 后记

本书中，我们建议在教师发展和教师评价的相关过程中进行重大变革。我们相信，这些变革将引领K-12教育的新时代，最终使所有学生的学习取得巨大的进步。

教育工作者必须通力合作，共同致力于教师专业技能的提升。这要从教师反思自身实践、设定目标并努力实现目标开始。与教学督导合作可以将这种有目的的练习转化为刻意练习。

教师评价为教师提供了一个获得正式反馈的宝贵机会。如第四章所述，教师评价常常充满误差，尤其当据其对教师进行有效性分类时，这种充满误差的评价毫无价值，有时甚至是有害的。然而，如果评价者愿意遵循第五章所阐述的原则，他们就可以建立一个公平、有用且富有成效的教师评价体系，以达到提升教师专业技能的目标。

所有这些都构成了教师发展和评价的新范式，一种致力于帮助教师成为更好教师的方法。想象一下，一所采用了这种新范式的学校：教师主动承担起自身专业成长和发展的责任；教学督导为教师提供结构性和非评价性反馈；作为评价者的管理者提供包括等级分数在内的、更正式的反馈。如此一来，教师就可以采用多个数据和视角来评估自我评价的准确性。每位教师都可以解释自己如何计算出自评分数，并且如果他认为自己所得评价分数过低，他只需提供非观察性证据以获得更高分数。评价分数有利于管理者确定每位教师的能力，并在观察期间利用了解到的情况准确把握教

后记

师最关键的表现。与费时费力、令人生畏的评价相反，该观察和评价过程是学校文化中充满活力和力量的元素，它在全校范围内强化了一种理念——我们共同学习和成长。

21世纪前10年，教师评价改革的未来初见光明。遗憾的是，这一未来还未实现。我们相信，敬业、创新、勇敢的教育工作者可以使用本书中的方法，使未来成为现实。

附录 A
NASOT 模式中 43 个要素的教师自评量表

本附录包含与 NASOT 模式 43 个要素中每一要素相关的资源，教师可以使用这些资源进行反思，从而得以发展。具体来说，每个要素的资源包括教师证据、学生证据和自评方案。对各个要素进行自评，教师应遵循自评方案中的步骤并参考证据部分列出的行为和理解，以确定量表上的等级。

要素 1：提供评分量表和量规

我通常如何提供评分量表和量规？

教师证据

行为

○ 我系统地阐明学习目标，即在一单元或一组课时结束时学生将会知道什么或能做什么。
○ 我系统地使用能力等级量表，此量表将学习目标分解为知识或技能的习得阶段。
○ 我系统地利用常规鼓励学生关注能力等级量表（即利用课前、课后等时间回顾量表）。
○ 我系统地利用能力等级量表作为教学的基础，明确按照量表各个层次进行教学。
○ 我系统地将学生的个人目标和课程的学习目标结合起来。

理解

○ 我完全理解评分量表和量规在促进学生学习方面的本质。
○ 我完全理解在课堂上使用评分量表和量规的各种方法。

学生证据

行为

○ 学生通常就我们使用的能力等级量表提出澄清式问题。
○ 学生通常就我们使用的能力等级量表相互交流。

理解

○ 学生能用自己的语言解释能力等级量表。
○ 学生能解释本节课程的学习目标。
○ 学生能描述当前活动与目标是如何关联的。
○ 学生能解释量表中的教学内容是如何循序渐进的。

附录 A　NASOT 模式中 43 个要素的教师自评量表

自评方案

始终从步骤A开始；有关详细信息，请参阅教师证据和学生证据。

步骤	等级	描述	说明
C	4 创新	除了等级3（应用）的表现，我还识别出没有表现出有关"提供评分量表和量规"的预期效果的学生。我调整行为并创建新策略以满足他们的特殊需求和情境。	若是，等级4 若否，等级3
B	3 应用	我使用了与"提供评分量表和量规"相关的策略和行为，且无重大错误或疏漏，多数学生表现出与"提供评分量表和量规"相关的预期行为和理解。	若是，到步骤C 若否，等级2
A	2 发展	我使用了与"提供评分量表和量规"相关的策略和行为，且无重大错误或疏漏，并且我明白与"提供评分量表和量规"相关的重要信息。	若是，到步骤B 若否，到步骤D
D	1 起始	我使用了与"提供评分量表和量规"相关的策略和行为，但是出现了重大错误或疏漏，比如，没有系统地参照量表或量规回顾知识的进展，没有解释日常作业与学习目标的关系。	若是，等级1 若否，等级0
	0 不使用	我没有使用与"提供评分量表和量规"相关的策略和行为。	

要素 2：追踪学生进步

我通常如何追踪学生的进步？

教师证据

行为

○ 我根据能力等级量表系统地追踪学生个体的进步。
○ 通过计算在某一特定评价项目上处于应用水平（3）或更高水平的学生所占百分比，我系统地追踪班级整体的进步情况。
○ 我系统地要求学生根据能力等级量表设定目标并追踪自己的进步。
○ 我系统地设计评价方案，用以生成能力等级量表所需的形成性分数。

理解

○ 我完全理解"追踪学生进步"在促进学生学习方面的意义。
○ 我完全理解在课堂上使用"追踪学生进步"的各种方法。

学生证据

行为

○ 学生通常通过追踪自己的进步来更新自己在能力等级量表上所处的位置。
○ 学生通常检测自己特定主题的进步情况。

理解

○ 学生能描述自己如何在某特定能力等级量表上取得的进步。
○ 学生能用自己的语言描述要达到更高一级表现水平，自己需要做什么。

自评方案

始终从步骤A开始；有关详细信息，请参阅教师证据和学生证据。

步骤	等级	描述	说明
C	4 创新	除了等级3（应用）中的表现外，我识别出没有表现出与"追踪学生进步"相关预期效果的学生。我调整行为并创建新策略以满足他们的特殊需求和情境。	若是，等级4 若否，等级3
B	3 应用	我使用了与"追踪学生进步"相关的策略和行为，且无重大错误或疏漏，多数学生表现出与"追踪学生进步"相关的预期行为和理解。	若是，到步骤C 若否，等级2
A	2 发展	我使用了与"追踪学生进步"相关的策略和行为，且无重大错误或疏漏，我了解与"追踪学生进步"相关的重要信息。	若是，到步骤B 若否，到步骤D
D	1 起始	我使用了与"追踪学生进步"相关的策略和行为，但是出现了重大错误或疏漏，比如，没有追踪个体学生的进步，没有使学生意识到自己的进步。	若是，等级1 若否，等级0
	0 不使用	我没有使用与"追踪学生进步"相关的策略和行为。	

附录 A　NASOT 模式中 43 个要素的教师自评量表

要素 3：赞扬学生成功
我通常如何赞扬学生成功？

教师证据

行为
- 我系统地在不同的时间点及时赞扬每个学生的状态（赞扬状态）。
- 我系统地赞扬每个学生随时间的成长（赞扬成长）。
- 我通过具体说明某个学生在任务中的表现，来系统地对他的努力和成长进行口头反馈。

理解
- 我完全理解"赞扬学生成功"在促进学生学习方面的意义。
- 我完全理解在课堂上使用"赞扬学生成功"的各种方法。

学生证据

行为
- 学生通常对自己在课堂上的成就感到自豪。
- 学生通常争取在能力等级量表上取得更高的等级分数。
- 学生通常表示他们喜欢赞扬。

理解
- 学生能解释"赞扬状态"和"赞扬成长"的区别。
- 学生能描述他们喜欢的赞扬其成功的方式。

自评方案

始终从步骤 A 开始；有关详细信息，请参阅教师证据和学生证据。

步骤	等级	描述	说明
C	4 创新	除了等级 3（应用）中与表现外，我还识别出没有表现出与"赞扬学生成功"相关预期效果的学生。我调整行为并创新策略以满足他们的特殊需求和情境。	若是，等级 4 若否，等级 3
B	3 应用	我使用了与"赞扬学生成功"相关的策略和行为，且无重大错误或疏漏，多数学生表现出与"赞扬学生成功"相关的预期行为和理解。	若是，到步骤 C 若否，等级 2
A	2 发展	我使用了与"赞扬学生成功"相关的策略和行为，且无重大错误或疏漏，并且我了解与"赞扬学生成功"相关的重要信息。	若是，到步骤 B 若否，到步骤 D
D	1 起始	我使用了与"赞扬学生成功"相关的策略和行为，但是出现了重大错误或疏漏，比如，只关注学生的状态，而没关注成长，没有提供持续的口头鼓励。	若是，等级 1 若否，等级 0
	0 不使用	我未做出与"赞扬学生成功"相关的行为。	

要素 4：对全班进行非正式评估
我通常如何对全班进行非正式评估？

教师证据

<u>行为</u>

○ 我系统地使用某种评分方案，让学生评估自己对某个主题理解的自信程度。

○ 我系统地要求学生使用预设的信号来回答特定问题。

○ 我系统地浏览学生对问题的回答，以了解已理解主题的学生比例。

○ 我系统地对学生进行简短的评估，并与全班同学一起复习答案，要求学生为自己的测验打分。

○ 我系统地要求学生在可擦除答题板上或利用电子设备回答问题或提示，并立即记录全班的回答和结果。

理解

○ 我完全理解"对全班进行非正式评估"在促进学生学习方面的意义。

○ 我完全理解在课堂上使用"对全班进行非正式评估"的不同方法。

学生证据

<u>行为</u>

○ 学生通常积极参与全班的评估活动。

○ 学生通常对全班的进步感兴趣。

○ 学生通常为全班成绩提高而高兴。

<u>理解</u>

○ 学生能将全班作为一个整体来描述其当前状况和进步大小。

○ 学生能描述个体评估与全班总体评估之间的区别。

附录 A　NASOT 模式中 43 个要素的教师自评量表

自评方案

始终从步骤A开始；有关详细信息，请参阅教师证据和学生证据。

步骤	等级	描述	说明
C	4 创新	除了等级3（应用）中的表现外，我还识别出没有表现出与"对全班进行非正式评估"有关预期效果的学生。我调整行为并创建新策略以满足他们的特殊需求和情境。	若是，等级4 若否，等级3
B	3 应用	我使用了与"对全班进行非正式评估"相关的策略和行为，且无重大错误或疏漏，多数学生表现出与"对全班进行非正式评估"相关的预期行为和理解。	若是，到步骤C 若否，等级2
A	2 发展	我使用了与"对全班进行非正式评估"相关的策略和行为，且无重大错误或疏漏，并且我了解与"对全班进行非正式评估"相关的重要信息。	若是，到步骤B 若否，到步骤D
D	1 起始	我使用了与"对全班进行非正式评估"相关的策略和行为，但是出现了重大错误或疏漏，比如，没有关注对学生学习很重要的内容，没有就具体学习进步情况提供班级的反馈。	若是，等级1 若否，等级0
	0 不使用	我没有使用与"对全班进行非正式评估"相关的策略和行为。	

要素 5：对学生个体进行正式评估

我通常如何对学生个体采取正式评估？

教师证据

行为

○ 我系统地与其他讲授相同内容的教师协作设计共同评估。
○ 我系统地采纳共同评估并比较结果。
○ 我系统地为每个学生打分，并在成绩册上记录分数。
○ 我系统地要求学生准备并进行演示。
○ 我系统地与学生个体就特定主题进行对话。
○ 我系统地向学生提出探究性问题。
○ 我系统地在教室四处走动，观察学生与内容的互动情况。
○ 我系统地给出一个评估分数，以描述学生在特定观察主题上表现出的知识或技能的掌握水平。

理解

○ 我完全理解"对学生个体进行正式评估"在促进学生学习方面的意义。
○ 我完全理解在课堂上使用"对学生个体进行正式评估"的各种方法。

学生证据

行为

○ 学生通常提出一些能在能力等级量表上显示自己掌握水平的方法。
○ 学生通常就他们的课堂评估分数提出澄清式问题。

理解

○ 学生能解释自己在评估中所获得的分数相对于具体的知识掌握进步情况意味着什么。
○ 学生能根据他们在具体主题中的状态来解释自己的成绩意味着什么。

附录 A　NASOT 模式中 43 个要素的教师自评量表

自评方案

始终从步骤A开始；有关详细信息，请参阅教师证据和学生证据。

步骤	等级	描述	说明
C	4 创新	除了等级3（应用）中的表现外，我还识别出没有表现出与"对学生个体进行正式评估"相关预期效果的学生。我调整行为并创建新策略以满足他们的特殊需求和情境。	若是，等级4 若否，等级3
B	3 应用	我使用了与"对学生个体进行正式评估"相关的策略和行为，且无重大错误或疏漏，多数学生表现出与"对学生个体进行正式评估"相关的预期行为和理解。	若是，到步骤C 若否，等级2
A	2 发展	我使用了与"对学生个体进行正式评估"相关的策略和行为，且没有重大错误或疏漏，并且我了解与"对学生个体进行正式评估"相关的重要信息。	若是，到步骤B 若否，到步骤D
D	1 起始	我使用了与"对学生个体进行正式评估"相关的策略和行为，但是出现了重大错误或疏漏，比如，没有使用正式评估所提供的信息为学生个体提供关于如何改进的有效反馈。	若是，等级1 若否，等级0
	0 不使用	我未使用与"对学生个体进行正式评估"相关的策略和行为。	

要素 6：将教学内容分块
我通常如何把教学内容分解成简明易懂的片段？

教师证据

<u>行为</u>

○ 我系统地使用预评估数据来设计内容组块。

○ 根据学生最初对新内容的理解，我系统地决定以适当大小的组块展示新内容。

○ 我系统地让学生分组协作来加工我所教的知识组块。

○ 我系统地展示新的陈述性知识；我确保组块由逻辑一致的概念和细节组成。

○ 我系统地展示新的程序性知识；我确保组块由形成这一过程的步骤组成。

<u>理解</u>

○ 我完全理解"将教学内容分块"在促进学生学习方面的意义。

○ 我完全理解在课堂上使用"将教学内容分块"的各种方法。

学生证据

<u>行为</u>

○ 学生通常积极加工组块之间的内容。

○ 学生通常似乎理解每个组块的内容。

<u>理解</u>

○ 学生能解释在新内容的讲解过程中，教师为何在特定节点停下来。

○ 学生能确定"将教学内容分块"对他们是否有效。

附录 A　NASOT 模式中 43 个要素的教师自评量表

自评方案

始终从步骤A开始；有关详细信息，请参阅教师证据和学生证据。

步骤	等级	描述	说明
C	4 创新	除了等级3（应用）中的表现外，我还识别出没有表现出与"将教学内容分块"相关预期效果的学生。我调整行为并创建新策略以满足他们的特殊需求和情境。	若是，等级4 若否，等级3
B	3 应用	我使用了与"将教学内容分块"相关的策略和行为，且无重大错误或疏漏，多数学生表现出与"将教学内容分块"相关的预期行为和理解。	若是，到步骤C 若否，等级2
A	2 发展	我使用了与"将教学内容分块"相关的策略和行为，且无重大错误或疏漏，并且我了解与"将教学内容分块"相关的重要信息。	若是，到步骤B 若否，到步骤D
D	1 起始	我使用了与"将教学内容分块"相关的策略和行为，但是出现重大错误或疏漏，比如，内容分块没有小到便于学生加工处理，内容分块过小。	若是，等级1 若否，等级0
	0 不使用	我未使用与"将教学内容分块"相关的策略和行为。	

要素7：教学内容多样化加工

我通常如何吸引学生加工教学内容？

教师证据

行为
- 我系统地让学生小组进行预测，总结新知识，并提出澄清式问题。
- 我系统地采用小组加工策略，如：视角分析、思考帽、合作加工、切块拼接式合作学习、互惠教学、概念习得、思考—配对—分享、脚本化合作组合。

理解
- 我完全理解"教学内容多样化加工"在促进学生学习方面的意义。
- 我完全理解在课堂上使用"教学内容多样化加工"的各种方法。

学生证据

行为
- 学生通常似乎会积极地学习理解内容。
- 学生通常自愿进行预测。
- 学生通常自愿提出澄清式问题。

理解
- 学生能解释刚刚学了什么。
- 学生能解释加工策略对他们何时有效、何时无效。

自评方案

始终从步骤A开始；有关详细信息，请参阅教师证据和学生证据。

步骤	等级	描述	说明
C	4 创新	除了等级3（应用）中的表现外，我还识别出没有表现出与"教学内容多样化加工"相关预期效果的学生。我调整行为并创建新策略以满足他们的特殊需求和情境。	若是，等级4 若否，等级3
B	3 应用	我使用了与"教学内容多样化加工"相关的策略和行为，且无重大错误或疏漏，多数学生表现出与"教学内容多样化加工"相关的预期行为和理解。	若是，到步骤C 若否，等级2
A	2 发展	我使用了与"教学内容多样化加工"相关的策略和行为，且无重大错误或疏漏，并且我了解与"教学内容多样化加工"相关的重要信息。	若是，到步骤B 若否，到步骤D
D	1 起始	我使用了与"教学内容多样化加工"相关的策略和行为，但是出现了重大错误或疏漏，比如，没有对这些过程的使用进行建模，没有为学生提供足够的时间参与这些过程。	若是，等级1 若否，等级0
	0 不使用	我未使用与"教学内容多样化加工"相关的策略和行为。	

附录 A　NASOT 模式中 43 个要素的教师自评量表

要素 8：记录和表征教学内容
我通常如何让学生记录和表征教学内容？

教师证据

行为
- 我系统地让学生参与活动，帮助他们以语言和非语言方式记录和表征自己的思想。
- 我系统地运用各种策略，如非正式提纲、总结、图形笔记、组合笔记、图形组织者、学习笔记本、自由链接网络、戏剧扮演、助记策略、押韵字挂钩、链接策略等。

理解
- 我完全理解"记录和表征教学内容"在促进学生学习方面的意义。
- 我完全理解在课堂上使用"记录和表征教学内容"的各种方法。

学生证据

行为
- 学生通常生成包含关键信息的总结。
- 学生通常生成包含关键信息的非言语表征。
- 学生通常能记住以前课程中的关键内容。

理解
- 学生能解释其非言语表征。

自评方案
始终从步骤 A 开始；有关详细信息，请参阅教师证据和学生证据。

步骤	等级	描述	说明
C	4 创新	除了等级 3（应用）中的表现外，我还识别出没有表现出与"记录和表征教学内容"相关的预期效果的学生。我调整行为并创建新策略以满足他们的特殊需求和情境。	若是，等级 4 若否，等级 3
B	3 应用	我使用了与"记录和表征教学内容"相关的策略和行为，且无重大错误或疏漏，多数学生表现出与"记录和表征教学内容"相关的预期行为和理解。	若是，到步骤 C 若否，等级 2
A	2 发展	我使用了与"记录和表征教学内容"相关的策略和行为，且无重大错误或疏漏，并且我了解与"记录和表征教学内容"相关的重要信息。	若是，到步骤 B 若否，到步骤 D
D	1 起始	我使用了与"记录和表征教学内容"相关的策略和行为，但是出现了重大错误或疏漏，比如，没有提供足够的指导和支持，没有鼓励学生以最适合自己的方式记录和表达自己的思想，没有为记录和表达思维的不同方式建模，没有为学生提供足够的时间来记录和表达自己的思想。	若是，等级 1 若否，等级 0
	0 不使用	我未使用与"记录和表征教学内容"相关的策略和行为。	

要素9：运用结构化练习时段
我通常如何使学生参与结构化练习时段？

教师证据

行为

○ 我系统地提供高度结构化的机会，让学生练习新技能、策略或过程，并密切监督学生的操作，以纠正早期的错误或误解。
○ 我系统地向学生示范技能、策略和过程。
○ 我系统地让学生在测验前参与多种练习：熟练度练习、实例练习、测验前练习。

理解

○ 我完全理解"练习"在促进学生学习方面的意义。
○ 我完全理解在课堂上使用"练习"的各种方法。

学生证据

行为

○ 学生通常积极参与练习活动。
○ 学生通常就过程进行提问。
○ 学生通常在练习后提高了他们完成程序的能力。
○ 学生通常在练习后提高了完成程序的流畅度。

理解

○ 学生能解释"练习"如何影响自己的表现。
○ 学生能描述"练习"的原因。

自评方案

始终从步骤A开始；有关详细信息，请参阅教师证据和学生证据。

步骤	等级	描述	说明
C	4 创新	除了等级3（应用）中的表现外，我还识别出没有表现出与"运用结构化练习时段"相关预期效果的学生。我调整行为并创建新策略以满足他们的特殊需求和情境。	若是，等级4 若否，等级3
B	3 应用	我使用了与"运用结构化练习时段"相关的策略和行为，且无重大错误或疏漏，多数学生表现出与"运用结构化练习时段"相关的预期行为和理解。	若是，到步骤C 若否，等级2
A	2 发展	我使用了与"运用结构化练习时段"相关的策略和行为，且无重大错误或疏漏，并且我了解与"运用结构化练习时段"相关的重要信息。	若是，到步骤B 若否，到步骤D
D	1 起始	我使用了与"运用结构化练习时段"相关的策略和行为，但是出现了重大错误或疏漏，比如，在学生没有充分准备时安排独立练习，没有随时间推移提供足够的练习机会。	若是，等级1 若否，等级0
	0 不使用	我未使用与"运用结构化练习时段"相关的策略和行为。	

附录 A　NASOT 模式中 43 个要素的教师自评量表

要素 10：区分异同

我通常如何使学生区分异同？

教师证据

行为

○ 我系统地让学生识别所学内容中两个或多个元素的异同。
○ 我系统地使用图形组织者（例如，韦恩图、T 型图、双泡图或比较矩阵）帮助学生区分异同。
○ 我系统地使用明喻、隐喻或类比来帮助学生区分异同。

理解

○ 我完全理解"区分异同"在促进学生学习方面的意义。
○ 我完全理解在课堂上使用"区分异同"的各种方法。

学生证据

行为

○ 学生通常理解正在进行比较的要素之间的异同。
○ 学生通常就正在进行比较的要素之间的异同进行提问。

理解

○ 学生能解释这些学习活动是如何深化自己的知识的。

自评方案

始终从步骤 A 开始；有关详细信息，请参阅教师证据和学生证据。

步骤	等级	描述	说明
C	4 创新	除了等级 3（应用）中的表现外，我还识别出没有表现出与"区分异同"相关预期效果的学生。我调整行为并创建新策略以满足他们的特殊需求和情境。	若是，等级 4 若否，等级 3
B	3 应用	我使用了与"区分异同"相关的策略和行为，且无重大错误或疏漏，多数学生表现出与"区分异同"相关的预期行为和理解。	若是，到步骤 C 若否，等级 2
A	2 发展	我使用了与"区分异同"相关的策略和行为，且无重大错误或疏漏，并且我了解与"区分异同"相关的重要信息。	若是，到步骤 B 若否，到步骤 D
D	1 起始	我使用了与"区分异同"相关的策略和行为，但是出现了重大错误或疏漏，比如，不确定学生是否识别出区分内容的重要属性；不确定学生能在多大程度上准确识别出定义要素的属性。	若是，等级 1 若否，等级 0
	0 不使用	我未使用与"区分异同"相关的策略和行为。	

要素 11：检查推理错误
我通常如何要求学生检查推理中的错误？

教师证据

行为
- 我系统地让学生检查自己的推理错误及所呈现信息的整体逻辑。
- 我系统地让学生识别并纠正推理错误，如逻辑错误、诘难型错误、证据不足型错误、信息不当型错误。
- 我系统地要求学生检查主张的理由，分析统计的限制条件，或者从作者的作品中判断推理和证据。

理解
- 我完全理解"检查推理错误"在促进学生学习方面的意义。
- 我完全理解在课堂上使用"检查推理错误"的各种方法。

学生证据

行为
- 学生通常积极识别和分析自己的错误。
- 学生通常积极识别和分析他人的错误。

理解
- 学生能描述并举例说明可能出现的不同类型的错误。
- 学生能解释"检查推理错误"活动如何增加他们对内容的理解。

自评方案

始终从步骤A开始；有关详细信息，请参阅教师证据和学生证据。

步骤	等级	描述	说明
C	4 创新	除了等级3（应用）中的表现外，我还识别出没有表现出与"检查推理错误"相关预期效果的学生。我调整行为并创建新策略以满足他们的特殊需求和情境。	若是，等级4 若否，等级3
B	3 应用	我使用了与"检查推理错误"相关的策略和行为，且无重大错误或疏漏，多数学生表现出与"检查推理错误"相关的预期行为和理解。	若是，到步骤C 若否，等级2
A	2 发展	我使用了与"检查推理错误"相关的策略和行为，且无重大错误或疏漏，并且我了解与"检查推理错误"相关的重要信息。	若是，到步骤B 若否，到步骤D
D	1 起始	我使用了与"检查推理错误"相关的策略和行为，但是出现了重大错误或疏漏，比如，没有明确讲解常见推理错误类型，没有提供识别此类错误的练习。	若是，等级1 若否，等级0
	0 不使用	我未使用与"检查推理错误"相关的策略和行为。	

要素12：鼓励学生参与认知复杂的任务

我通常如何让学生参与认知复杂的任务？

教师证据

行为

○ 我系统地让学生参与实验探究任务、问题解决任务、决策任务、调查任务、发明任务、学生设计的认知复杂的任务等，以帮助学生生成并检验假设。

理解

○ 我完全理解"鼓励学生参与认知复杂的任务"在促进学生学习方面的意义。
○ 我完全理解在课堂上使用"鼓励学生参与认知复杂的任务"的各种方法。

学生证据

行为

○ 学生通常积极参与到认知复杂的任务中。
○ 学生通常从认知复杂的任务中产生一些作品。

理解

○ 学生能解释自己得出的结论。
○ 学生能为自己的结论辩护。

自评方案

始终从步骤A开始；有关详细信息，请参阅教师证据和学生证据。

步骤	等级	描述	说明
C	4 创新	除了等级3（应用）中的表现外，我还识别出没有表现出与"鼓励学生参与认知复杂的任务"相关预期效果的学生。我调整行为并创建新策略以满足他们的特殊需求和情境。	若是，等级4 若否，等级3
B	3 应用	我使用了与"鼓励学生参与认知复杂的任务"相关的策略和行为，且无重大错误或疏漏，多数学生表现出与"鼓励学生参与认知复杂的任务"相关的预期行为和理解。	若是，到步骤C 若否，等级2
A	2 发展	我使用了与"鼓励学生参与认知复杂的任务"相关的策略和行为，且无重大错误或疏漏，并且我了解与"鼓励学生参与认知复杂的任务"相关的重要信息。	若是，到步骤B 若否，到步骤D
D	1 起始	我使用了与"鼓励学生参与认知复杂的任务"相关的策略和行为，但是出现了重大错误或疏漏，比如，没有清楚阐释复杂任务中的步骤，没有对任务中涉及的步骤进行建模。	若是，等级1 若否，等级0
	0 不使用	我未使用与"鼓励学生参与认知复杂的任务"相关的策略和行为。	

要素 13：提供资源和指导

我通常如何为认知复杂的任务提供资源和指导？

教师证据

行为
- 我系统地提供学生完成任务所需的资源。
- 我系统地直接指导学生如何找到与认知复杂任务相关的可靠信息和资源。
- 在学生解决认知复杂的任务时，我系统地围绕教室巡视，以方便他们请求帮助。

理解
- 我完全理解"提供资源和指导"在促进学生学习方面的意义。
- 我完全理解在学生进行认知复杂任务时我提供资源和指导的各种方法。

学生证据

行为
- 学生通常就自己承担的复杂任务向我寻求建议。
- 学生通常积极地开展复杂任务，并在需要时做出适当调整。

理解
- 学生能解释我的行为是如何帮助自己完成复杂任务的。

自评方案

始终从步骤A开始；有关详细信息，请参阅教师证据和学生证据。

步骤	等级	描述	说明
C	4 创新	除了等级3（应用）中的表现外，我还识别出没有表现出与"提供资源和指导"相关预期效果的学生。我调整行为并创建新策略以满足他们的特殊需求和情境。	若是，等级4 若否，等级3
B	3 应用	我使用了与"提供资源和指导"相关的策略和行为，且无重大错误或疏漏，多数学生表现出与"提供资源和指导"相关的预期行为和理解。	若是，到步骤C 若否，等级2
A	2 发展	我使用了与"提供资源和指导"相关的策略和行为，且无重大错误或疏漏，并且我了解与"提供资源和指导"相关的重要信息。	若是，到步骤B 若否，到步骤D
D	1 起始	我使用了与"提供资源和指导"相关的策略和行为，但是出现了重大错误或疏漏，比如，在学生完成复杂任务时没有提供及时帮助，没有提供重要资源。	若是，等级1 若否，等级0
	0 不使用	我未使用与"提供资源和指导"相关的策略和行为。	

要素14：生成与维护主张

我通常如何使学生参与到要求其生成与维护自己主张的活动中？

教师证据

行为

○ 我系统地讲解主张和证明的概念。
○ 我系统地展示主张和证明的正式结构。
○ 我系统地为学生提供机会以使他们生成主张，提供生成主张的理由和论据，并生成其主张的限制条件。
○ 我系统地让学生正式（口头或书面）介绍他们的主张。

理解

○ 我完全理解"生成与维护主张"在促进学生学习方面的意义。
○ 我完全理解在课堂上使用"生成与维护主张"的各种方法。

学生证据

行为

○ 学生通常在完成复杂任务中生成主张。
○ 学生通常提供他们主张生成的理由。
○ 学生通常为理由提供论据。
○ 学生通常提供主张的限制条件。

理解

○ 学生能描述为什么生成和证明主张可帮助他们更深入而严谨地学习。

自评方案

始终从步骤A开始；有关详细信息，请参阅教师证据和学生证据。

步骤	等级	描述	说明
C	4 创新	除了等级3（应用）中的表现外，我还识别出没有表现出与"生成与维护主张"相关预期效果的学生。我调整行为并创建新策略以满足他们的特殊需求和情境。	若是，等级4 若否，等级3
B	3 应用	我使用了与"生成与维护主张"相关的策略和行为，且无重大错误或疏漏，多数学生表现出与"生成与维护主张"相关的预期行为和理解。	若是，到步骤C 若否，等级2
A	2 发展	我使用了与"生成与维护主张"相关的策略和行为，且无重大错误或疏漏，并且我了解与"生成与维护主张"相关的重要信息。	若是，到步骤B 若否，到步骤D
D	1 起始	我使用了与"生成与维护主张"相关的策略和行为，但是出现了重大错误或疏漏，比如，没有提供关于有效论断及其相关要素的清晰模型，没有为分析和构建论据提供充分练习。	若是，等级1 若否，等级0
	0 不使用	我未使用与"生成与维护主张"相关的策略和行为。	

附录 A　NASOT 模式中 43 个要素的教师自评量表

要素 15：预习策略

我通常如何帮助学生预习和联系新知识？

教师证据

理解

○我完全理解"预习"在促进学生学习方面的意义。

○我完全理解在课堂上使用"预习"的各种方法。

行为

○我系统地对学生进行预评估，以此帮助学生预习即将要学的内容。
○我系统地就即将要学的内容对学生提问。
○我系统地使用"信息挂钩""摇铃""预期指导"等方法来预习即将要学的内容。
○我系统地帮助学生梳理新旧内容的联系。

学生证据

行为

○学生通常进行简单的总结活动。
○学生通常预测自己的期望。

理解

○学生能解释他们正在学习的知识与他们先前知识之间的联系。

自评方案

始终从步骤 A 开始；有关详细信息，请参阅教师证据和学生证据。

步骤	等级	描述	说明
C	4 创新	除了等级3（应用）中的表现外，我还识别出没有表现出与"预习"相关预期效果的学生。我调整行为并创建新策略以满足他们的特殊需求和情境。	若是，等级4 若否，等级3
B	3 应用	我使用了与"预习"相关的策略和行为，且无重大错误或疏漏，多数学生表现出与"预习"相关的预期行为和理解。	若是，到步骤C 若否，等级2
A	2 发展	我使用了与"预习"相关的策略和行为，且无重大错误或疏漏，并且我了解与"预习"相关的重要信息。	若是，到步骤B 若否，到步骤D
D	1 起始	我使用了与"预习"相关的策略和行为，但是出现了重大错误或疏漏，比如，没说明预习的目的，没给学生提供充足的预习时间。	若是，等级1 若否，等级0
	0 不使用	我未使用与"预习"相关的策略和行为。	

附录 A　NASOT 模式中 43 个要素的教师自评量表

要素 16：突出关键信息
我通常如何突出关键信息？

教师证据

行为
○ 我系统地复述最重要的内容。
○ 我针对最重要内容进行系统的提问。
○ 我系统地使用声调、手势和身体姿势来强调重要信息。

理解
○ 我完全理解"突出关键信息"在促进学生学习方面的意义。
○ 我完全理解在课堂上使用"突出关键信息"的各种方法。

学生证据

行为
○ 当我介绍重要内容时，学生通常明显地调整其注意力水平。

理解
○ 学生能描述特定内容的重要程度。
○ 学生能解释为什么特定内容很重要。

自评方案
始终从步骤A开始；有关详细信息，请参阅教师证据和学生证据。

步骤	等级	描述	说明
C	4 创新	除了等级3（应用）中的表现外，我还识别出没有表现出与"突出关键信息"相关预期效果的学生。我调整行为并创建新策略以满足他们的特殊需求和情境。	若是，等级4 若否，等级3
B	3 应用	我使用了与"突出关键信息"相关的策略和行为，且无重大错误或疏漏，多数学生表现出与"突出关键信息"相关的预期行为和理解。	若是，到步骤C 若否，等级2
A	2 发展	我使用了与"突出关键信息"相关的策略和行为，且无重大错误或疏漏，并且我了解与"突出关键信息"相关的重要信息。	若是，到步骤B 若否，到步骤D
D	1 起始	我使用了与"突出关键信息"相关的策略和行为，但是出现了重大错误或疏漏，比如，突出了非关键信息，对关键信息没有充分地强调。	若是，等级1 若否，等级0
	0 不使用	我未使用与"突出关键信息"相关的策略和行为。	

要素 17：复习相关内容
我通常如何帮助学生复习相关内容？

教师证据

行为
- 我系统地使用"阶段复习"来帮助学生识别并纠正错误观念。
- 我系统地让全班总结以前学过的内容。
- 我系统地提问以帮助学生复习。

理解
- 我完全理解"复习相关内容"在促进学生学习方面的意义。
- 我完全理解在课堂上使用"复习相关内容"的各种方法。

学生证据

行为
- 学生通常反思他们以前学过的内容。
- 学生通常就以前学过的内容进行提问。

理解
- 学生能描述自己对内容的理解。

自评方案

始终从步骤A开始；有关详细信息，请参阅教师证据和学生证据。

步骤	等级	描述	说明
C	4 创新	除了等级3（应用）中的表现外，我还识别出没有表现出与"复习相关内容"相关预期效果的学生。我调整行为并创建新策略以满足他们的特殊需求和情境。	若是，等级4 若否，等级3
B	3 应用	我使用了与"复习相关内容"相关的策略和行为，且无重大错误或疏漏，多数学生表现出与"复习相关内容"相关的预期行为和理解。	若是，到步骤C 若否，等级2
A	2 发展	我使用了与"复习相关内容"相关的策略和行为，且无重大错误或疏漏，并且我了解与"复习相关内容"相关的重要信息。	若是，到步骤B 若否，到步骤D
D	1 起始	我使用了与"复习相关内容"相关的策略和行为，但是出现了重大错误或疏漏，比如，没有复习到对即将要学的内容很重要的内容，没有联系到更广泛的概念和范畴。	若是，等级1 若否，等级0
	0 不使用	我未使用与"复习相关内容"相关的策略和行为。	

附录 A　NASOT 模式中 43 个要素的教师自评量表

要素 18：完善知识
我通常如何帮助学生完善知识？

教师证据

行为

○ 我系统地提醒学生识别并纠正错误。
○ 我系统地让学生识别并补充他们在知识理解中的缺漏。
○ 我系统地给学生提供作业反馈并让学生根据反馈修正作业。

理解

○ 我完全理解"完善知识"在促进学生学习方面的意义。
○ 我完全理解在课堂上帮助学生"完善知识"的各种方法。

学生证据

行为

○ 学生通常会对以前学到的内容进行修正。
○ 学生通常会认识到应该何时修正自己的知识。

理解

○ 学生能解释自己以前对内容的误解。

自评方案

始终从步骤 A 开始；有关详细信息，请参阅教师证据和学生证据。

步骤	等级	描述	说明
C	4 创新	除了等级3（应用）中的表现外，我还识别出没有表现出与"完善知识"相关预期效果的学生。我调整行为并创建新策略以满足他们的特殊需求和情境。	若是，等级4 若否，等级3
B	3 应用	我使用了与"完善知识"相关的策略和行为，且无重大错误或疏漏，多数学生表现出与"完善知识"相关的预期行为和理解。	若是，到步骤C 若否，等级2
A	2 发展	我使用了与"完善知识"相关的策略和行为，且无重大错误或疏漏，并且我了解与"完善知识"相关的重要信息。	若是，到步骤B 若否，到步骤D
D	1 起始	我使用了与"完善知识"相关的策略和行为，但是出现了重大错误或疏漏，比如，没有提醒学生识别并纠正错误，没有识别并补充理解的缺漏，没有检查学生做出改变的背后原因。	若是，等级1 若否，等级0
	0 不使用	我未使用与"完善知识"相关的策略和行为。	

要素 19：反思学习

我通常如何帮助学生对学习进行反思？

教师证据

行为

○ 我系统地提出反思型问题，比如，"你能做些什么不同的事情来改进自己的学习"或"你能做些什么不同的事情来促进自己的学习"。

○ 我系统地让学生反思课堂强调的具体认知技能（例如：分类、推断、决策、创造性思维或自我调节）。

理解

○ 我完全理解"反思学习"在促进学生学习方面的意义。

○ 我完全理解我帮助学生进行学习反思的各种方法。

学生证据

行为

○ 学生通常检查自己对特定任务的完成情况。

○ 学生通常尝试阐明如果再次执行任务，他们将如何做得更好。

理解

○ 学生能描述自己清楚什么、不清楚什么。

○ 学生能描述自己的努力水平以及自身努力与学习之间的关系。

○ 学生能描述自己可以做些什么来改进学习。

自评方案

始终从步骤A开始；有关详细信息，请参阅教师证据和学生证据。

步骤	等级	描述	说明
C	4 创新	除了等级3（应用）中的表现外，我还识别出没有表现出与"反思学习"相关预期效果的学生。我调整行为并创建新策略以满足他们的特殊需求和情境。	若是，等级4 若否，等级3
B	3 应用	我使用了与"反思学习"相关的策略和行为，且无重大错误或疏漏，多数学生表现出与"反思学习"相关的预期行为和理解。	若是，到步骤C 若否，等级2
A	2 发展	我使用了与"反思学习"相关的策略和行为，且无重大错误或疏漏，并且我了解与"反思学习"相关的重要信息。	若是，到步骤B 若否，到步骤D
D	1 起始	我使用了与"反思学习"相关的策略和行为，但是出现了重大错误或疏漏，比如，没有提醒学生持续监控自己的理解水平、努力水平和注意力水平。	若是，等级1 若否，等级0
	0 不使用	我未使用与"反思学习"相关的策略和行为。	

附录 A　NASOT 模式中 43 个要素的教师自评量表

要素 20：精心布置家庭作业
我通常如何精心布置家庭作业？

教师证据

行为

○ 我系统地使用家庭作业来让学生预习将在课堂上学习的概念或想法。
○ 我系统地布置家庭作业以加深学生对知识的掌握。
○ 我系统地布置家庭作业以帮助学生练习过程或技能。

理解

○ 我完全理解"精心布置家庭作业"的意义。
○ 我完全理解在课堂上使用"精心布置家庭作业"的各种方法。

学生证据

行为

○ 完成家庭作业后，学生通常会为新学习做好更好的准备。
○ 完成家庭作业后，学生通常加深了对知识的理解。
○ 完成家庭作业后，学生通常提高了速度、准确度和熟练度。

理解

○ 学生能描述具体作业布置的目的。

自评方案

始终从步骤A开始；有关详细信息，请参阅教师证据和学生证据。

步骤	等级	描述	说明
C	4 创新	除了等级3（应用）中的表现外，我还识别出没有表现出与"精心布置家庭作业"相关预期效果的学生。我调整行为并创建新策略以满足他们的特殊需求和情境。	若是，等级4 若否，等级3
B	3 应用	我使用了与"精心布置家庭作业"相关的策略和行为，且无重大错误或疏漏，多数学生表现出与"精心布置家庭作业"相关的预期行为和理解。	若是，到步骤C 若否，等级2
A	2 发展	我使用了与"精心布置家庭作业"相关的策略和行为，且无重大错误或疏漏，并且我了解与"精心布置家庭作业"相关的重要信息。	若是，到步骤B 若否，到步骤D
D	1 起始	我使用了与"精心布置家庭作业"相关的策略和行为，但是出现了重大错误或疏漏，比如，布置的作业与课堂关键内容没有直接关系，学生对布置的作业内容尚未完全理解。	若是，等级1 若否，等级0
	0 不使用	我未使用与"精心布置家庭作业"相关的策略和行为。	

要素 21：精细加工知识

我通常如何要求学生精细加工知识？

教师证据

行为
○ 我系统地提问学生推论性问题。
○ 我系统地询问学生精细加工的问题。
○ 我系统地使用"问题序列"策略（问题类型：细节问题、类别问题、细化问题和证据问题）。
○ 我系统地让学生详细解释自己的答案。

理解
○ 我完全理解"精细加工知识"的意义。
○ 我完全理解帮助学生精细加工已学内容时所用到的各种方法。

学生证据

行为
○ 学生通常自愿回答推论性问题。
○ 学生通常能提供关于答案的解释。

理解
○ 学生认为我的问题具有挑战性，但是很有帮助。

自评方案

始终从步骤A开始；有关详细信息，请参阅教师证据和学生证据。

步骤	等级	描述	说明
C	4 创新	除了等级3（应用）中的表现外，我还识别出没有表现出与"精细加工知识"相关预期效果的学生。我调整行为并创建新策略以满足他们的特殊需求和情境。	若是，等级4 若否，等级3
B	3 应用	我使用了与"精细加工知识"相关的策略和行为，且无重大错误或疏漏，多数学生表现出与"精细加工知识"相关的预期行为和理解。	若是，到步骤C 若否，等级2
A	2 发展	我使用了与"精细加工知识"相关的策略和行为，且无重大错误或疏漏，并且我了解与"精细加工知识"相关的重要信息。	若是，到步骤B 若否，到步骤D
D	1 起始	我使用了与"精细加工知识"相关的策略和行为，但是出现了重大错误或疏漏，比如，没有按顺序排列问题，从而逐渐增加学生回答的严谨性，没有鼓励学生拓展他们的答案。	若是，等级1 若否，等级0
	0 不使用	我未使用与"精细加工知识"相关的策略和行为。	

附录 A　NASOT 模式中 43 个要素的教师自评量表

要素 22：组织学生互动
我通常如何组织学生互动？

教师证据

行为

○ 我系统地为学生互动创建小组规范。
○ 我系统地提出互动的明确目标。
○ 我系统地将学生分组以积极加工新知识。
○ 我系统地将学生分组以练习或深化知识。
○ 我系统地使用多种分组策略来组建学生小组（例如，肘部搭档、前后桌结组、亲密伙伴、教室走动寻找合作伙伴、内外圈等）。

理解

○ 我完全理解"组织学生互动"对学习的意义。
○ 我完全理解在课堂上组织学生互动学习的各种方法。

学生证据

行为

○ 学生通常快速而有目的地进入小组。
○ 学生通常在小组活动时互相尊重。
○ 学生通常以加深理解的方式进行互动。
○ 学生通常在小组中有效合作。

理解

○ 学生能描述我们在课堂上使用的各种分组策略。
○ 学生能解释为什么小组活动可以帮助他们学习。

自评方案

始终从步骤 A 开始；有关详细信息，请参阅教师证据和学生证据。

步骤	等级	描述	说明
C	4 创新	除了等级3（应用）中的表现外，我还识别出没有表现出与"组织学生互动"相关预期效果的学生。我调整行为并创建新策略以满足他们的特殊需求和情境。	若是，等级4 若否，等级3
B	3 应用	我使用了与"组织学生互动"相关的策略和行为，且无重大错误或疏漏，多数学生表现出与"组织学生互动"相关的预期行为和理解。	若是，到步骤C 若否，等级2
A	2 发展	我使用了与"组织学生互动"相关的策略和行为，且无重大错误或疏漏，并且我了解与"组织学生互动"相关的重要信息。	若是，到步骤B 若否，到步骤D
D	1 起始	我使用了与"组织学生互动"相关的策略和行为，但是出现了重大错误或疏漏，比如，没有创建互动规范，没有提出明确的互动目标。	若是，等级1 若否，等级0
	0 不使用	我未使用与"组织学生互动"相关的策略和行为。	

要素23：提醒学生注意参与课堂学习

我通常如何提醒学生注意参与课堂学习？

教师证据

行为

○ 我系统地监控个体学生的参与情况。
○ 我系统地监控整个班级的参与情况。
○ 我系统地要求学生汇报自己的参与水平。

理解

○ 我完全理解"提醒学生注意参与课堂学习"的意义。
○ 我完全理解在课堂上"提醒学生注意参与课堂学习"的各种方法。

学生证据

行为

○ 学生通常能意识到教师正在观察他们的参与水平。
○ 在适当的时机，学生通常会努力提升自我参与水平。

理解

○ 学生能理解并解释我对他们高水平参与的期待。

自评方案

始终从步骤A开始；有关详细信息，请参阅教师证据和学生证据。

步骤	等级	描述	说明
C	4 创新	除了等级3（应用）中的表现外，我还识别出没有表现出与"提醒学生注意参与课堂学习"相关预期效果的学生。我调整行为并创建新策略以满足他们的特殊需求和情境。	若是，等级4 若否，等级3
B	3 应用	我使用了与"提醒学生注意参与课堂学习"相关的策略和行为，且无重大错误或疏漏，多数学生表现出与"提醒学生注意参与课堂学习"相关的预期行为和理解。	若是，到步骤C 若否，等级2
A	2 发展	我使用了与"提醒学生注意参与课堂学习"相关的策略和行为，且无重大错误或疏漏，并且我了解与"提醒学生注意参与课堂学习"相关的重要信息。	若是，到步骤B 若否，到步骤D
D	1 起始	我使用了与"提醒学生注意参与课堂学习"相关的策略和行为，但是出现了重大错误或疏漏，比如，在检查参与水平时只关注了少数学生，学生不参与时没有做出及时的反应。	若是，等级1 若否，等级0
	0 不使用	我未使用与"提醒学生注意参与课堂学习"相关的策略和行为。	

附录A　NASOT 模式中 43 个要素的教师自评量表

要素 24：增强学生反应率
我通常如何增强学生反应率？

教师证据

行为

○ 我系统地使用集体答复、配对答复、答题卡、白板、基于技术的应答平台或手势来让所有学生参与回答问题。
○ 我系统地随机点名让学生回答问题。
○ 提问或学生回答后，我系统地使用"等待时间"策略。

理解

○ 我完全理解"增强学生反应率"的意义。
○ 我完全理解"增强学生反应率"的各种方法。

学生证据

行为

○ 学生通常会对一个问题提供多个答案。
○ 学生通常对某个问题做出集体答复。
○ 学生通常关注他人提供的答案。

理解

○ 学生能描述自己得出特定答案的思维过程。
○ 学生能理解我期待多个学生回答问题。

自评方案

始终从步骤A开始；有关详细信息，请参阅教师证据和学生证据。

步骤	等级	描述	说明
C	4 创新	除了等级3（应用）中的表现外，我还识别出没有表现出与"增强学生反应率"相关预期效果的学生。我调整行为并创建新策略以满足他们的特殊需求和情境。	若是，等级4 若否，等级3
B	3 应用	我使用了与"增强学生反应率"相关的策略和行为，且无重大错误或疏漏，多数学生表现出与"增强学生反应率"相关的预期行为和理解。	若是，到步骤C 若否，等级2
A	2 发展	我使用了与"增强学生反应率"相关的策略和行为，且无重大错误或疏漏，并且我了解与"增强学生反应率"相关的重要信息。	若是，到步骤B 若否，到步骤D
D	1 起始	我使用了与"增强学生反应率"相关的策略和行为，但是出现了重大错误或疏漏，比如，没有给学生提供充足时间做出回应，只是提问了举手的学生。	若是，等级1 若否，等级0
	0 不使用	我未使用与"增强学生反应率"相关的策略和行为。	

要素 25：利用身体运动
我通常如何利用身体运动？

教师证据

行为

○ 当精力水平较低时，我系统地利用身体运动或让学生起立并伸展四肢。
○ 我系统地利用身体运动作为一种反应率策略（例如，用脚投票、角落活动、站立并评估）。
○ 我系统地利用身体运动帮助学生表征内容（例如，肢体展示或开展戏剧相关的活动）。

理解

○ 我完全理解"利用身体运动"促进学生学习的意义。
○ 我完全理解在课堂上"利用身体运动"促进学生学习的各种方法。

学生证据

行为

○ 学生通常积极参与我布置的身体运动活动。
○ 在参与身体运动活动后，学生的精力水平通常明显提升。

理解

○ 学生能解释身体运动是如何维持他们的兴趣并帮助他们学习的。

自评方案

始终从步骤 A 开始；有关详细信息，请参阅教师证据和学生证据。

步骤	等级	描述	说明
C	4 创新	除了等级3（应用）中的表现外，我还识别出没有表现出与"利用身体运动"相关预期效果的学生。我调整行为并创建新策略以满足他们的特殊需求和情境。	若是，等级4 若否，等级3
B	3 应用	我使用了与"利用身体运动"相关的策略和行为，且无重大错误或疏漏，多数学生表现出与"利用身体运动"相关的预期行为和理解。	若是，到步骤C 若否，等级2
A	2 发展	我使用了与"利用身体运动"相关的策略和行为，且无重大错误或疏漏，并且我了解与"利用身体运动"相关的重要信息。	若是，到步骤B 若否，到步骤D
D	1 起始	我使用了与"利用身体运动"相关的策略和行为，但是出现了重大错误或疏漏，比如，当学生需要提升精力水平时没有利用身体运动，没有为身体运动提供适当的时间。	若是，等级1 若否，等级0
	0 不使用	我未使用与"利用身体运动"相关的策略和行为。	

附录 A　NASOT 模式中 43 个要素的教师自评量表

要素 26：保持有活力的节奏
我通常如何保持有活力的节奏？

教师证据

行为
○ 我系统地根据学生的参与需求加快或减慢课时的节奏。
○ 我系统地确保所有教学环节都以轻快、从容的方式进行。
○ 我系统地利用"动机钩"来吸引学生的注意力。

理解
○ 我完全理解"保持有活力的节奏"在促进学生学习方面的意义。
○ 我完全理解在课堂上使用"保持有活力的节奏"的各种方法。

学生证据

行为
○ 学生通常快速适应课堂活动的变化并重新投入新内容的学习。
○ 学生通常报告课堂进度节奏既不太快也不太慢。

理解
○ 学生能描述有活力的教学节奏是如何提高他们的学习成绩的。

自评方案
始终从步骤 A 开始；有关详细信息，请参阅教师证据和学生证据。

步骤	等级	描述	说明
C	4 创新	除了等级3（应用）中的表现外，我还识别出没有表现出与"保持有活力的节奏"相关预期效果的学生。我调整行为并创建新策略以满足他们的特殊需求和情境。	若是，等级4 若否，等级3
B	3 应用	我使用了与"保持有活力的节奏"相关的策略和行为，且无重大错误或疏漏，多数学生表现出与"保持有活力的节奏"相关的预期行为和理解。	若是，到步骤C 若否，等级2
A	2 发展	我使用了与"保持有活力的节奏"相关的策略和行为，且无重大错误或疏漏，并且我了解与"保持有活力的节奏"相关的重要信息。	若是，到步骤B 若否，到步骤D
D	1 起始	我使用了与"保持有活力的节奏"相关的策略和行为，但是出现了重大错误或疏漏，比如，学生不明白时没有放慢节奏，当明显需要改变节奏的时候没有做出改变。	若是，等级1 若否，等级0
	0 不使用	我未使用与"保持有活力的节奏"相关的策略和行为。	

要素 27：全情投入教学

我通常如何全情投入教学？

教师证据

行为

○ 我系统地直接声明内容的重要性。
○ 我系统地建立内容与外部世界相关事物的外显联系。
○ 我系统地讲述与课程内容相关的个人故事以便于学生理解。
○ 我系统地使用幽默以激起学生对内容的兴趣。
○ 我系统地使用音量、音调、语音来强调特殊词汇或段落，使用暂停和语速调节来全情投入教学。

理解

○ 我完全理解"全情投入教学"在提高学生成绩方面的意义。

○ 我完全理解使用"全情投入教学"提高学生成绩的各种方法。

学生证据

行为

○ 学生通常会说："我的老师重视内容也乐于教学。"
○ 学生的注意力水平通常会随着我的兴趣和热情度的提升而提升。

理解

○ 学生能描述我的兴趣和热情度对他们学习的影响。

自评方案

始终从步骤A开始；有关详细信息，请参阅教师证据和学生证据。

步骤	等级	描述	说明
C	4 创新	除了等级3（应用）中的表现外，我还识别出没有表现出与"全情投入教学"相关预期效果的学生。我调整行为并创建新策略以满足他们的特殊需求和情境。	若是，等级4 若否，等级3
B	3 应用	我使用了与"全情投入教学"相关的策略和行为，且无重大错误或疏漏，多数学生表现出与"全情投入教学"相关的预期行为和理解。	若是，到步骤C 若否，等级2
A	2 发展	我使用了与"全情投入教学"相关的策略和行为，且无重大错误或疏漏，并且我了解与"全情投入教学"相关的重要信息。	若是，到步骤B 若否，到步骤D
D	1 起始	我使用了与"全情投入教学"相关的策略和行为，但是出现了重大错误或疏漏，比如，在学生明显需要提升精力水平时我没有展现出教学热情，过于频繁地展现了教学热情以致降低了其效果。	若是，等级1 若否，等级0
	0 不使用	我未使用与"全情投入教学"相关的策略和行为。	

附录 A　NASOT 模式中 43 个要素的教师自评量表

要素 28：呈现不寻常的信息
我通常如何呈现不寻常的信息？

教师证据

行为
- 我系统地呈现不寻常的或吸引眼球的信息来捕捉学生的注意力。
- 我系统地让学生探索、发现并分享不寻常的信息。
- 我系统地邀请嘉宾与学生分享不寻常或吸引眼球的信息。

理解
- 我完全理解"呈现不寻常的信息"在促进学生学习方面的意义。
- 我完全理解在课堂上"呈现不寻常的信息"的各种方法。

学生证据

行为
- 随着不寻常信息的出现，学生的参与水平通常会得到提升。
- 学生通常询问有关不寻常信息的问题。

理解
- 学生能解释不寻常信息是如何使内容变得有趣的。

自评方案

始终从步骤 A 开始；有关详细信息，请参阅教师证据和学生证据。

步骤	等级	描述	说明
C	4 创新	除了等级 3（应用）中的表现外，我还识别出没有表现出与"呈现不寻常的信息"相关预期效果的学生。我调整行为并创建新策略以满足他们的特殊需求和情境。	若是，等级 4 若否，等级 3
B	3 应用	我使用了与"呈现不寻常的信息"相关的策略和行为，且无重大错误或疏漏，多数学生表现出与"呈现不寻常的信息"相关的预期行为和理解。	若是，到步骤 C 若否，等级 2
A	2 发展	我使用了与"呈现不寻常的信息"相关的策略和行为，且无重大错误或疏漏，并且我了解与"呈现不寻常的信息"相关的重要信息。	若是，到步骤 B 若否，到步骤 D
D	1 起始	我使用了与"呈现不寻常的信息"相关的策略和行为，但是出现了重大错误或疏漏，比如，呈现的不寻常信息与课堂教学内容几乎没有关系，没有给学生充足的时间讨论并回应不寻常信息。	若是，等级 1 若否，等级 0
	0 不使用	我未使用与"呈现不寻常的信息"相关的策略和行为。	

要素 29：运用友好论辩
我通常如何运用友好论辩？

教师证据

行为

- 当有分歧话题时，通过让学生解释并捍卫自己的立场，我系统地让学生参与友好论辩。
- 我系统地让学生为特定事件投票，并讨论各自的立场。
- 我系统地为学生举办研讨会、法律模式、市政厅会议或辩论会，让他们参与友好论辩。
- 我系统地要求学生采取与自己相反的观点并捍卫该立场。

理解

- 我完全理解"运用友好论辩"在促进学生学习方面的意义。
- 我完全理解在课堂上"运用友好论辩"的各种方法。

学生证据

行为

- 学生通常乐于参与友好论辩活动。
- 学生通常把友好论辩活动描述为"很带劲、真好玩、蛮有趣"。

理解

- 学生能解释友好论辩活动是如何帮助他们更好地理解学习内容的。

自评方案

始终从步骤A开始；有关详细信息，请参阅教师证据和学生证据。

步骤	等级	描述	说明
C	4 创新	除了等级3（应用）中的表现外，我还识别出没有表现出与"运用友好论辩"相关预期效果的学生。我调整行为并创建新策略以满足他们的特殊需求和情境。	若是，等级4 若否，等级3
B	3 应用	我使用了与"运用友好论辩"相关的策略和行为，且无重大错误或疏漏，多数学生表现出与"运用友好论辩"相关的预期行为和理解。	若是，到步骤C 若否，等级2
A	2 发展	我使用了与"运用友好论辩"相关的策略和行为，且无重大错误或疏漏，并且我了解与"运用友好论辩"相关的重要信息。	若是，到步骤B 若否，到步骤D
D	1 起始	我使用了与"运用友好论辩"相关的策略和行为，但是出现了重大错误或疏漏，比如，没有精心安排活动以使学生有明确的角色和职责，论辩中出现学生情绪化或不文明的现象。	若是，等级1 若否，等级0
	0 不使用	我未使用与"运用友好论辩"相关的策略和行为。	

要素 30：运用学习游戏

我通常如何运用学习游戏？

教师证据

行为

○ 我系统地利用非正式竞争的学习游戏来复习当前单元学习内容（例如，"问题是什么"、类别命名、滔滔不绝、教室论辩和"哪个不合群"）。

○ 我系统地利用非正式竞争的学习游戏来复习之前单元学习内容（例如，"问题是什么"、类别命名、滔滔不绝、教室论辩和"哪个不合群"）。

○ 我系统地把问题变成即兴游戏。

理解

○ 我完全理解"运用学习游戏"在促进学生学习方面的意义。

○ 我完全理解在课堂上"运用学习游戏"的各种方法。

学生证据

行为

○ 学生通常会热情地参与学习游戏。

○ 学生通常通过参与学习游戏来增加对内容的了解。

理解

○ 学生能描述游戏所聚焦的内容。

○ 学生能解释游戏是如何加强他们对内容的理解的。

自评方案

始终从步骤A开始；有关详细信息，请参阅教师证据和学生证据。

步骤	等级	描述	说明
C	4 创新	除了等级3（应用）中的表现外，我还识别出没有表现出与"运用学习游戏"相关预期效果的学生。我调整行为并创建新策略以满足他们的特殊需求和情境。	若是，等级4 若否，等级3
B	3 应用	我使用了与"运用学习游戏"相关的策略和行为，且无重大错误或疏漏，多数学生表现出与"运用学习游戏"相关的预期行为和理解。	若是，到步骤C 若否，等级2
A	2 发展	我使用了与"运用学习游戏"相关的策略和行为，且无重大错误或疏漏，并且我了解与"运用学习游戏"相关的重要信息。	若是，到步骤B 若否，到步骤D
D	1 起始	我使用了与"运用学习游戏"相关的策略和行为，但是出现了重大错误或疏漏，比如，没有为学生建立明确的游戏角色和程序，没有确保游戏是非正式竞争。	若是，等级1 若否，等级0
	0 不使用	我未使用与"运用学习游戏"相关的策略和行为。	

要素 31：提供机会让学生述说

我通常如何提供机会让学生述说？

教师证据

行为

○ 我系统地管理并使用兴趣调查的结果。
○ 我系统地管理并使用学生学习档案的信息。
○ 我系统地开展课堂活动，让学生将学习内容和他们的生活联系起来。
○ 我系统地将学习内容与我所掌握的学生兴趣和个人经历联系起来。

理解

○ 我完全理解"提供机会让学生述说"在促进学生学习方面的意义。
○ 我完全理解"提供机会让学生述说"的各种方法。

学生证据

行为

○ 学生通常参与那些能帮助他们建立个人兴趣与学习内容联系的活动。
○ 学生通常会表达他们有多喜欢在课堂上谈论自己。

理解

○ 学生能够解释内容与个人兴趣之间的联系如何使课堂变得更为有趣，且增强内容学习。
○ 学生描述的课堂是与他们个人有关的课堂。

自评方案

始终从步骤A开始；有关详细信息，请参阅教师证据和学生证据。

步骤	等级	描述	说明
C	4 创新	除了等级3（应用）中的表现外，我还识别出没有表现出与"提供机会让学生述说"相关预期效果的学生。我调整行为并创建新策略以满足他们的特殊需求和情境。	若是，等级4 若否，等级3
B	3 应用	我使用了与"提供机会让学生述说"相关的策略和行为，且无重大错误或疏漏，多数学生表现出与"提供机会让学生述说"相关的预期行为和理解。	若是，到步骤C 若否，等级2
A	2 发展	我使用了与"提供机会让学生述说"相关的策略和行为，且无重大错误或疏漏，并且我了解与"提供机会让学生述说"相关的重要信息。	若是，到步骤B 若否，到步骤D
D	1 起始	我使用了与"提供机会让学生述说"相关的策略和行为，但是出现了重大错误或疏漏，比如，没有建立与课堂学习内容的联系，没有给学生提供足够时间讨论自己。	若是，等级1 若否，等级0
	0 不使用	我未使用与"提供机会让学生述说"相关的策略和行为。	

要素 32：激励和鼓舞学生
我通常如何激励和鼓舞学生？

教师证据

行为

- 我系统地帮助学生确定并设立学业目标。
- 我系统地明确地教导学生以培养他们的成长型思维，具体做法是：我称赞努力而非智力，我还会让学生反思自己的努力水平。
- 我系统地让学生参与"可能的自我活动"，让他们去想象自己未来发展的模样。
- 我系统地让学生完成一些他们感兴趣的利己项目。
- 我系统地让学生参与利他项目，使他们与超越自我的事物联系起来。

理解

- 我完全理解"激励和鼓舞学生"在促进学生学习方面的意义。
- 我完全理解在课堂上"激励和鼓舞学生"的各种方法。

学生证据

行为

- 学生通常设定长期目标并明确自己为了达成目标而应采取的步骤。
- 学生通常有意义地与团队伙伴合作。
- 学生通常投入到自己设计的、对自己有意义的项目中。
- 学生通常描述课堂是"干劲十足的"或"鼓舞人心的"。

理解

- 学生能够描述出他们在课堂上被激励和鼓舞的各种方式。

附录 A　NASOT 模式中 43 个要素的教师自评量表

自评方案

始终从步骤A开始；有关详细信息，请参阅教师证据和学生证据。

步骤	等级	描述	说明
C	4 创新	除了等级3（应用）中的表现外，我还识别出没有表现出与"激励和鼓舞学生"相关预期效果的学生。我调整行为并创建新策略以满足他们的特殊需求和情境。	若是，等级4 若否，等级3
B	3 应用	我使用了与"激励和鼓舞学生"相关的策略和行为，且无重大错误或疏漏，多数学生表现出与"激励和鼓舞学生"相关的预期行为和理解。	若是，到步骤C 若否，等级2
A	2 发展	我使用了与"激励和鼓舞学生"相关的策略和行为，且无重大错误或疏漏，并且我了解与"激励和鼓舞学生"相关的重要信息。	若是，到步骤B 若否，到步骤D
D	1 起始	我使用了与"激励和鼓舞学生"相关的策略和行为，但是出现了重大错误或疏漏，比如，没有留出足够的活动时间，没有向学生传达活动的重要性和相关性。	若是，等级1 若否，等级0
	0 不使用	我未使用与"激励和鼓舞学生"相关的策略和行为。	

要素 33：建立规则和程序
我通常如何建立规则和程序？

教师证据

行为

○ 我系统地使用一组（5—8条）课堂规则。
○ 我系统地向学生解释规则和程序。
○ 我系统地与学生一起生成、调整并回顾规则和程序。
○ 我系统地在教室中张贴规则和程序。
○ 我系统地与学生合作建立手势和象征来频繁地交流信息，比如，"安静"或"这项任务我需要帮助"。
○ 我系统地让学生自我评估自己对规则和程序的遵守程度。

理解

○ 我完全理解"建立规则和程序"在促进学生学习方面的意义。

○ 我完全理解在课堂上"建立规则和程序"的各种方法。

学生证据

行为

○ 学生通常描述教室是一个有序的场所。
○ 学生通常约束自己的行为。

理解

○ 学生能够描述已建立的规则和程序。

自评方案

始终从步骤A开始；有关详细信息，请参阅教师证据和学生证据。

步骤	等级	描述	说明
C	4 创新	除了等级3（应用）中的表现外，我还识别出没有表现出与"建立规则和程序"相关预期效果的学生。我调整行为并创建新策略以满足他们的特殊需求和情境。	若是，等级4 若否，等级3
B	3 应用	我使用了与"建立规则和程序"相关的策略和行为，且无重大错误或疏漏，多数学生表现出与"建立规则和程序"相关的预期行为和理解。	若是，到步骤C 若否，等级2
A	2 发展	我使用了与"建立规则和程序"相关的策略和行为，且无重大错误或疏漏，并且我了解与"建立规则和程序"相关的重要信息。	若是，到步骤B 若否，到步骤D
D	1 起始	我使用了与"建立规则和程序"相关的策略和行为，但是出现了重大错误或疏漏，比如，建立太多或太少的规则和程序，没有使学生参与到建立规则和程序中来。	若是，等级1 若否，等级0
	0 不使用	我未使用与"建立规则和程序"相关的策略和行为。	

要素34：合理安排教室物理布局
我通常如何合理安排教室物理布局？

教师证据

行为

○ 我系统地有策略地安排学生座位，以便于学生在教室里自由结组和移动。
○ 我系统地装饰教室，使教室有温馨感。
○ 我系统地确保学生能够轻松获取学习材料。
○ 我系统地为班级集体教学、小组活动和学习中心划分区域。

理解

○ 我完全理解"合理安排教室物理布局"在促进学生学习方面的意义。
○ 我完全理解使用"合理安排教室物理布局"促进学生学习的各种方法。

学生证据

行为

○ 学生通常便于在教室中移动。
○ 学生通常利用学习材料和学习中心。
○ 学生通常看到并使用教室中展示的他们的作品。
○ 学生通常获取并利用公告栏上的信息。

理解

○ 学生表达他们如何享受教室的物理布局。
○ 学生能描述教室的物理布局是如何使学习更轻松的。

自评方案

始终从步骤A开始；有关详细信息，请参阅教师证据和学生证据。

步骤	等级	描述	说明
C	4 创新	除了等级3（应用）中的表现外，我还识别出没有表现出与"合理安排教室物理布局"相关预期效果的学生。我调整行为并创建新策略以满足他们的特殊需求和情境。	若是，等级4 若否，等级3
B	3 应用	我使用了与"合理安排教室物理布局"相关的策略和行为，且无重大错误或疏漏，多数学生表现出与"合理安排教室物理布局"相关的预期行为和理解。	若是，到步骤C 若否，等级2
A	2 发展	我使用了与"合理安排教室物理布局"相关的策略和行为，且无重大错误或疏漏，并且我了解与"合理安排教室物理布局"相关的重要信息。	若是，到步骤B 若否，到步骤D
D	1 起始	我使用了与"合理安排教室物理布局"相关的策略和行为，但是出现了重大错误或疏漏，比如，没有使教室的装饰与学习目标保持一致，学习材料没有条理地摆放且没有放在学生容易拿取的地方，没有安排班级集体教学、小组活动和个体活动的区域。	若是，等级1 若否，等级0
	0 不使用	我未使用与"合理安排教室物理布局"相关的策略和行为。	

要素 35：审时度势控全局
我通常如何审时度势控全局？

教师证据

行为
- 我系统地提前留心潜在问题。
- 我系统地采取前瞻性的行动以避免教室里出现破坏性事件。
- 我系统地巡视统领整个班级并与每个学生进行眼神交流。
- 我系统地采取系列分级行动来解决学生的行为问题。

理解
- 我完全理解"审时度势控全局"在促进学生学习方面的意义。
- 我完全理解在课堂上使用"审时度势控全局"的各种方法。

学生证据

行为
- 学生通常注意到我正在观察他们的行为。
- 学生通常认为我能注意到教室里所发生的一切。
- 学生通常快速有效地停止自己的潜在破坏行为。

理解
- 学生能描述出我做了什么事情让他们知道我正在注意课堂上所发生的一切。

自评方案

始终从步骤A开始；有关详细信息，请参阅教师证据和学生证据。

步骤	等级	描述	说明
C	4 创新	除了等级3（应用）中的表现外，我还识别出没有表现出与"审时度势控全局"相关预期效果的学生。我调整行为并创建新策略以满足他们的特殊需求和情境。	若是，等级4 若否，等级3
B	3 应用	我使用了与"审时度势控全局"相关的策略和行为，且无重大错误或疏漏，多数学生表现出与"审时度势控全局"相关的预期行为和理解。	若是，到步骤C 若否，等级2
A	2 发展	我使用了与"审时度势控全局"相关的策略和行为，且无重大错误或疏漏，并且我了解与"审时度势控全局"相关的重要信息。	若是，到步骤B 若否，到步骤D
D	1 起始	我使用了与"审时度势控全局"相关的策略和行为，但是出现了重大错误或疏漏，比如，没有辨别出破坏行为的预兆，没有注意到教室各处的学生都在做什么。	若是，等级1 若否，等级0
	0 不使用	我未使用与"审时度势控全局"相关的策略和行为。	

要素 36：鼓励遵守规则和程序
我通常如何鼓励遵守规则和程序？

教师证据

行为
- 我系统地使用口头肯定，比如，"谢谢""做得好""非常好"等等。
- 我系统地使用非口头肯定，比如，微笑、点头、竖拇指等等。
- 我系统地使用优先权、活动或奖品等作为学生主动遵守规则和程序的奖励。
- 我系统地使用颜色编号行为卡片、日常评分表和证书等来赞赏遵守规则和程序的行为。
- 我系统地主动与学生家长或监护人进行交流，表扬学生遵守规则和程序的行为。

理解
- 我完全理解"鼓励遵守规则和程序"在促进学生学习方面的意义。
- 我完全理解在课堂上使用"鼓励遵守规则和程序"的各种方法。

学生证据

行为
- 学生通常感激我对他们的认可。
- 学生通常描述我是能够注意到他们良好行为的人。
- 学生通常遵守规则和程序。

理解
- 学生能够描述我在课堂上鼓励他们遵守规则和程序的方法。

自评方案

始终从步骤A开始；有关详细信息，请参阅教师证据和学生证据。

步骤	等级	描述	说明
C	4 创新	除了等级3（应用）中的表现外，我还识别出没有表现出与"鼓励遵守规则和程序"相关预期效果的学生。我调整行为并创建新策略以满足他们的特殊需求和情境。	若是，等级4 若否，等级3
B	3 应用	我使用了与"鼓励遵守规则和程序"相关的策略和行为，且无重大错误或疏漏，多数学生表现出与"鼓励遵守规则和程序"相关的预期行为和理解。	若是，到步骤C 若否，等级2
A	2 发展	我使用了与"鼓励遵守规则和程序"相关的策略和行为，且无重大错误或疏漏，并且我了解与"鼓励遵守规则和程序"相关的重要信息。	若是，到步骤B 若否，到步骤D
D	1 起始	我使用了与"鼓励遵守规则和程序"相关的策略和行为，但是出现了重大错误或疏漏，比如，只是偶尔鼓励遵守规则和程序，不会变通对学生正面认可的方式。	若是，等级1 若否，等级0
	0 不使用	我未使用与"鼓励遵守规则和程序"相关的策略和行为。	

要素37：制止不遵守规则和程序的行为
我通常如何制止不遵守规则和程序的行为？

教师证据

行为
- 我系统地使用口头提示去提醒没有遵守规则或程序的学生。
- 我系统地使用非口头提示去提醒没有遵守规则或程序的学生。
- 对反复出现的破坏性行为，我系统地使用暂停或停止教学来创设一种不自然的沉默气氛以纠正这种行为。
- 我系统地使用暂停、过度矫正、家庭关联性、高强度的情境计划和准备全方位的管理计划等策略来解决违反规则和程序的问题。

理解
- 我完全理解"制止不遵守规则和程序的行为"在促进学生学习方面的意义。
- 我完全理解在课堂上使用"制止不遵守规则和程序的行为"来促进学生学习的各种方法。

学生证据

行为
- 学生通常会听从我的提醒而停止自己不合适的行为。
- 当课堂开始时，学生通常认可自己的行为是维护课堂秩序的一部分。
- 学生描述我是公平的，即我会公平地处理所有不遵循规则和程序的行为。

理解
- 学生能够描述我制止不遵守规则和程序的行为的各种方法。

附录A　NASOT模式中43个要素的教师自评量表

自评方案

始终从步骤A开始；有关详细信息，请参阅教师证据和学生证据。

步骤	等级	描述	说明
C	4 创新	除了等级3（应用）中的表现外，我还识别出没有表现出与"制止不遵守规则和程序的行为"相关预期效果的学生。我调整行为并创建新策略以满足他们的特殊需求和情境。	若是，等级4 若否，等级3
B	3 应用	我使用了与"制止不遵守规则和程序的行为"相关的策略和行为，且无重大错误或疏漏，多数学生表现出与"制止不遵守规则和程序的行为"相关的预期行为和理解。	若是，到步骤C 若否，等级2
A	2 发展	我使用了与"制止不遵守规则和程序的行为"相关的策略和行为，且无重大错误或疏漏，并且我了解与"制止不遵守规则和程序的行为"相关的重要信息。	若是，到步骤B 若否，到步骤D
D	1 起始	我使用了与"制止不遵守规则和程序的行为"相关的策略和行为，但是出现了重大错误或疏漏，比如，等到不良行为几乎失控才进行制止，没有使用能解决不良行为的措施。	若是，等级1 若否，等级0
	0 不使用	我未使用与"制止不遵守规则和程序的行为"相关的策略和行为。	

附录 A　NASOT 模式中 43 个要素的教师自评量表

要素 38：运用言语和非言语行为对学生表达喜爱
我通常如何运用言语和非言语行为对学生表达喜爱之情？

教师证据

行为
○ 我有条不紊地在教室门口迎接学生。
○ 我系统地与学生举行非正式会议。
○ 我系统地参加学生的校外活动。
○ 我系统地创建时间表，每天挑选几个学生进行交谈。
○ 我系统地使用肢体动作来表达对学生的喜爱和鼓励。

理解
○ 我完全理解"运用言语和非言语行为对学生表达喜爱之情"的意义。
○ 我完全理解在课堂上"运用言语和非言语行为对学生表达喜爱之情"的各种方法。

学生证据

行为
○ 学生通常称我是关心他们的人。
○ 学生通常称课堂为一个友爱的地方。
○ 学生通常回应我的言语互动。
○ 学生通常回应我的非言语互动。

理解
○ 学生能够描述我用言语和非言语行为来表达对他们的喜爱之情的各种方法。

自评方案
始终从步骤 A 开始；有关详细信息，请参阅教师证据和学生证据。

步骤	等级	描述	说明
C	4 创新	除了等级 3（应用）中的表现外，我还识别出没有表现出与"运用言语和非言语行为对学生表达喜爱"相关预期效果的学生。我调整行为并创建新策略以满足他们的特殊需求和情境。	若是，等级 4 若否，等级 3
B	3 应用	我使用了"运用言语和非言语行为对学生表达喜爱"相关的策略和行为，且无重大错误或疏漏，多数学生表现出与"运用言语和非言语行为对学生表达喜爱"相关的预期行为和理解。	若是，到步骤 C 若否，等级 2
A	2 发展	我使用了与"运用言语和非言语行为对学生表达喜爱"相关的策略和行为，且无重大错误或疏漏，并且我了解与"运用言语和非言语行为对学生表达喜爱"相关的重要信息。	若是，到步骤 B 若否，到步骤 D
D	1 起始	我使用了与"运用言语和非言语行为对学生表达喜爱"相关的策略和行为，但是出现了重大错误或疏漏，比如，只对部分学生而非所有学生表现出言语和非言语行为，以敷衍或虚伪的方式做出这些行为。	若是，等级 1 若否，等级 0
	0 不使用	我未使用与"运用言语和非言语行为对学生表达喜爱"相关的策略和行为。	

要素 39：理解学生的背景和兴趣

我通常如何理解学生的背景和兴趣？

教师证据

行为

○ 我系统地使用学生背景调查、意见问卷或非正式班级访谈等策略来更好地理解学生。

○ 我系统地使用非正式会议、家长—教师会议或非正式学生交谈等策略去了解他们。

○ 我系统地让学生制定个人学习目标，然后我帮助他们将个性化的目标与课程内容目标联系起来。

理解

○ 我完全理解"理解学生的背景和兴趣"在促进学生学习方面的意义。

○ 我完全理解在课堂上使用"理解学生的背景和兴趣"的各种方法。

学生证据

行为

○ 学生通常称我是了解他们并对他们感兴趣的人。

○ 在我表现出理解他们的兴趣和背景时，学生通常乐于回应。

○ 学生通常表示他们感到了我对他们的重视。

○ 学生通常表示他们了解同伴并乐于跟同伴在一起。

理解

○ 学生能够描述我尝试了解其背景和兴趣时所使用的各种方法。

自评方案

始终从步骤A开始；有关详细信息，请参阅教师证据和学生证据。

步骤	等级	描述	说明
C	4 创新	除了等级3（应用）中的表现外，我还识别出没有表现出与"理解学生的背景和兴趣"相关预期效果的学生。我调整行为并创建新策略以满足他们的特殊需求和情境。	若是，等级4 若否，等级3
B	3 应用	我使用了与"理解学生的背景和兴趣"相关的策略和行为，且无重大错误或疏漏，多数学生表现出与"理解学生的背景和兴趣"相关的预期行为和理解。	若是，到步骤C 若否，等级2
A	2 发展	我使用了与"理解学生的背景和兴趣"相关的策略和行为，且无重大错误或疏漏，并且我了解与"理解学生的背景和兴趣"相关的重要信息。	若是，到步骤B 若否，到步骤D
D	1 起始	我使用了与"理解学生的背景和兴趣"相关的策略和行为，但是出现了重大错误或疏漏，比如，收集了学生信息，却没有用来更好地理解学生，没有把学生的个人学习目标与课程学习目标联系起来。	若是，等级1 若否，等级0
	0 不使用	我未使用与"理解学生的背景和兴趣"相关的策略和行为。	

附录 A　NASOT 模式中 43 个要素的教师自评量表

要素 40：展现客观公正和自我控制力
我通常如何展现客观公正和自我控制力？

教师证据

行为

- 我系统地监控自己在班级中的情绪。
- 处理班级冲突时，我保持沉着冷静。
- 我在课堂上系统地识别出情绪触发点和其他压力源，因此，当这些情绪发生的时候，我可以意识到并利用应对策略保持冷静。
- 在紧张的情况下，我系统地表现出自信，既表现出对学生的尊重，又能很好地处理课堂关系。

理解

- 我完全理解"展现客观公正和自我控制力"在促进学生学习方面的意义。
- 我完全理解在课堂上使用"展现客观公正和自我控制力"的各种方法。

学生证据

行为

- 看到我沉着冷静，学生通常也会心神安定。
- 学生通常称我是既有自控力又能掌控课堂的人。
- 学生通常说我不会心胸狭隘也不会感情用事。

理解

- 学生能够描述我展现客观公正和自我控制力的各种场景。

自评方案

始终从步骤 A 开始；有关详细信息，请参阅教师证据和学生证据。

步骤	等级	描述	说明
C	4 创新	除了等级3（应用）中的表现外，我还识别出没有表现出与"展现客观公正和自我控制力"相关预期效果的学生。我调整行为并创建新策略以满足他们的特殊需求和情境。	若是，等级4 若否，等级3
B	3 应用	我使用了与"展现客观公正和自我控制力"相关的策略和行为，且无重大错误或疏漏，多数学生表现出与"展现客观公正和自我控制力"相关的预期行为和理解。	若是，到步骤C 若否，等级2
A	2 发展	我使用了与"展现客观公正和自我控制力"相关的策略和行为，且无重大错误或疏漏，并且我了解与"展现客观公正和自我控制力"相关的重要信息。	若是，到步骤B 若否，到步骤D
D	1 起始	我使用了与"展现客观公正和自我控制力"相关的策略和行为，但是出现了重大错误或疏漏，比如，有时没有保持冷静，只对部分学生展现客观公正。	若是，等级1 若否，等级0
	0 不使用	我未使用与"展现客观公正和自我控制力"相关的策略和行为。	

要素41：看到被动学习者的长处并对其表示尊重

我通常如何看到被动学习者的长处并对其表示尊重？

教师证据

行为
- 我系统地确定了对被动学习者的差别对待方式。
- 我系统地运用言语或非言语的方式对被动学习者表示尊重。
- 我系统地明确并反思对所有学生的学习期望水平，以确保我对每位学生都有高期望值。

理解
- 我完全理解"看到被动学习者的长处并对其表示尊重"在促进学生学习方面的意义。
- 我完全理解在课堂上"看到被动学习者的长处并对其表示尊重"的各种方法。

学生证据

行为
- 学生通常表示我关心所有学生。
- 学生通常彼此尊重。

理解
- 学生能够描述我"看到被动学习者的长处并对其表示尊重"的具体方法。

自评方案

始终从步骤A开始；有关详细信息，请参阅教师证据和学生证据。

步骤	等级	描述	说明
C	4 创新	除了等级3（应用）中的表现外，我还识别出没有表现出与"看到被动学习者的长处并对其表示尊重"相关预期效果的学生。我调整行为并创建新策略以满足他们的特殊需求和情境。	若是，等级4 若否，等级3
B	3 应用	我使用了与"看到被动学习者的长处并对其表示尊重"相关的策略和行为，且无重大错误或疏漏，多数学生表现出与"看到被动学习者的长处并对其表示尊重"相关的预期行为和理解。	若是，到步骤C 若否，等级2
A	2 发展	我使用了与"看到被动学习者的长处并对其表示尊重"相关的策略和行为，且无重大错误或疏漏，并且我了解与"看到被动学习者的长处并对其表示尊重"相关的重要信息。	若是，到步骤B 若否，到步骤D
D	1 起始	我使用了与"看到被动学习者的长处并对其表示尊重"相关的策略和行为，但是出现了重大错误或疏漏，比如，表现出这些行为但是没有认清哪些学生是被动学习者，以一种敷衍或虚伪的方式做出这些行为。	若是，等级1 若否，等级0
	0 不使用	我未使用与"看到被动学习者的长处并对其表示尊重"相关的策略和行为。	

附录 A　NASOT 模式中 43 个要素的教师自评量表

要素 42：对被动学习者深入提问

我通常如何对被动学习者深入提问？

教师证据

行为

○ 我系统地向被动学习者提出复杂问题。

○ 我系统地给予被动学习者与渴望学习者同等的问题回答机会。

○ 当被动学习者回答问题有困难时，我采用重申问题、运用等待时间或者给出提示等策略来帮助他们。

○ 我系统地防范自己对被动学习者的错误回答做出不当反应，比如：告诉学生他们本应该知晓答案、忽视学生的回答、对错误答案做出主观评论或者任由其他学生做出负面评论。

理解

○ 我完全理解"对被动学习者深入提问"在促进学生学习方面的意义。

○ 我完全理解"对被动学习者深入提问"的各种方法。

学生证据

行为

○ 学生通常表示我期望每个人都参与其中。

○ 学生通常表示我向每个人提出挑战性问题。

理解

○ 学生能够描述我对被动学习者深入提问的具体事件。

自评方案

始终从步骤 A 开始；有关详细信息，请参阅教师证据和学生证据。

步骤	等级	描述	说明
C	4 创新	除了等级3（应用）中的表现外，我还识别出没有表现出与"对被动学习者深入提问"相关预期效果的学生。我调整行为并创建新策略以满足他们的特殊需求和情境。	若是，等级4 若否，等级3
B	3 应用	我使用了与"对被动学习者深入提问"相关的策略和行为，且无重大错误或疏漏，多数学生表现出与"对被动学习者深入提问"相关的预期行为和理解。	若是，到步骤C 若否，等级2
A	2 发展	我使用了与"对被动学习者深入提问"相关的策略和行为，且无重大错误或疏漏，并且我了解与"对被动学习者深入提问"相关的重要信息。	若是，到步骤B 若否，到步骤D
D	1 起始	我使用了与"对被动学习者深入提问"相关的策略和行为，但是出现了重大错误或疏漏，比如，只对课堂上少数几个被动学习者提出深入问题，不断地向被动学习者提较简单的问题。	若是，等级1 若否，等级0
	0 不使用	我未使用与"对被动学习者深入提问"相关的策略和行为。	

要素43：与被动学习者一起探查不正确答案

我通常如何与被动学习者一起探查不正确答案？

教师证据

行为

○ 我系统地对被动学习者的不正确答案做出恰当回应，首先对学生的回答表示感谢，然后指出回答正确和不正确的地方。

○ 如果学生回答问题时感到困惑或尴尬，我会系统地让学生暂时停止作答。

○ 我系统地运用细致的询问技巧，帮助学生认识到自己的答案是有误的。

理解

○ 我完全理解"与被动学习者一起探查不正确答案"在促进学生学习方面的意义。

○ 我完全理解在课堂上"与被动学习者一起探查不正确答案"的各种方法。

学生证据

行为

○ 学生通常表示我不会让他们难堪。

○ 学生通常表示我不会放弃他们。

○ 学生通常表示我会帮助他们更深层次地思考内容。

○ 学生通常表示我会帮助他们正确地回答难题。

理解

○ 学生能够描述我与被动学习者探查不正确答案所用的具体方法。

自评方案

始终从步骤A开始；有关详细信息，请参阅教师证据和学生证据。

步骤	等级	描述	说明
C	4 创新	除了等级3（应用）中的表现外，我还识别出没有表现出与"与被动学习者一起探查不正确答案"相关预期效果的学生。我调整行为并创建新策略以满足他们的特殊需求和情境。	若是，等级4 若否，等级3
B	3 应用	我使用了与"与被动学习者一起探查不正确答案"相关的策略和行为，且无重大错误或疏漏，多数学生表现出与"与被动学习者一起探查不正确答案"相关的预期行为和理解。	若是，到步骤C 若否，等级2
A	2 发展	我使用了与"与被动学习者一起探查不正确答案"相关的策略和行为，且无重大错误或疏漏，并且我了解与"与被动学习者一起探查不正确答案"相关的重要信息。	若是，到步骤B 若否，到步骤D
D	1 起始	我使用了与"与被动学习者一起探查不正确答案"相关的策略和行为，但是出现了重大错误或疏漏，比如，当被动学习者回答问题有困难时就立刻让其停止回答，没有意识到被动学习者对问题感到困惑而需要时间去重新思考。	若是，等级1 若否，等级0
	0 不使用	我未使用与"与被动学习者一起探查不正确答案"相关的策略和行为。	

附录 B
设计领域观察量表

本附录包含与 NASOT 模式的 10 个设计领域相关的资源，供督导和领导者在观察教师时使用。具体来说，每个设计领域的资源包括教师证据、学生证据和评价方案。要在设计领域给教师评级，督导或领导者应该遵循方案中的步骤，参考证据部分列出的行为和反应，以确定教师教学在量表上的等级。

设计领域一：明确学习目标

教师证据

教师设计并传达明确的学习目标，帮助学生理解期望他们掌握的知识的进程以及自己在这一进程中的位置。

教师正……

1. 量表和量规
○ 传达学习目标或主题的范围（要素1）
○ 传达每个主题的评价量规和能力等级量表（要素1）
○ 创建学生友好型能力等级量表（要素1）
2. 进步追踪
○ 帮助学生追踪他们在特定学习目标或测量主题方面的进步（要素2）
○ 使用数据档案（要素2）
3. 赞扬
○ 赞扬状态（要素3）
○ 赞扬进步（要素3）

当被问及时，教师……
1. 量表和量规
○ 能描述他目前关注的学习目标或测量主题，以及他如何创建学生友好型量规和能力等级量表
2. 追踪进步
○ 能描述他如何确保学生正在追踪自己的进步
3. 赞扬
○ 能描述他如何赞扬学生的状态和进步

学生证据

学生理解期望他们掌握的知识的进程以及自己在这一进程中的位置。

学生正……

1. 量表和量规
○ 参考评价量规和能力等级量表来确定他们必须做什么才能取得进步

附录 B 设计领域观察量表

○寻求或提供帮助去理解特定评价量规或能力等级量表
2. 追踪进步
○利用评价量规和能力等级量表来追踪自己的进步
3. 赞扬
○赞扬他们的状态和进步

当被问及时，学生……
1. 量表和量规
○能确定他们正在进行中的学习目标或测量主题

2. 追踪进步
○能描述他们需要做什么才能提升他们在量规或能力等级量表上的状态
3. 赞扬
○表示他们以自己的状态和进步为自豪

评价方案
始终从步骤A开始；有关详细信息，请参阅教师证据和学生证据。

步骤	等级	描述	说明
C	4 创新	教师提供充足证据（观察性或其他）证明他识别出没有表现出预期效果的学生，然后调整自己的行为或创建新策略以满足这部分学生的特殊需求和情境。	若是，等级4 若否，等级3
B	3 应用	多数学生展示出充足证据（观察性或其他）证明他们理解期望他们掌握的知识的进程以及他们在这个进程中所处的位置。	若是，到步骤C 若否，等级2
A	2 发展	教师提供充足证据（观察性或其他）证明他正在运用所有以下观察类别： 1. 量表和量规 2. 追踪进步 3. 赞扬	若是，到步骤B 若否，到步骤D
D	1 起始	教师提供充足证据（观察性或其他）证明他正在运用发展水平（2）中至少一种观察类别。	若是，等级1 若否，等级0
	0 不使用	教师无法提供任何证据以证明他正在运用发展水平（2）中任一观察类别。	

设计领域二：实施教学评估

教师证据

教师设计并实施评估，帮助学生理解自己的测验得分和等级如何与期望他们掌握的知识进展情况相关。

教师正在……

4. 对全班进行非正式评估
○让学生使用评分系统来评估自己对某个主题理解的自信程度（要素4）
○创建简短评估，以确定理解了某个主题的学生比例（要素4）
○使用回答策略，以了解所有学生的回答（要素4）

5. 对学生个体进行正式评估
○使用各种类型的评估策略对学生个体进行评估，包括显性的、隐性的和学生生成的（要素5）
○与讲授相同内容的教师合作设计并实施统一评估（要素5）

当被问及时，教师……

4. 对全班进行非正式评估
○能描述如何设计全班非正式评估以及如何利用全班非正式评估得出的信息

5. 对学生个体进行正式评估
○能描述评估个体学生时使用统一评估的作用以及设计和使用个体评估的各种方法

学生证据

学生理解自己的测验得分和等级如何与期望他们掌握的知识的进展情况相关。

学生正在……

4. 对全班进行非正式评估
○积极参与全班评估活动并对全班的进步感兴趣

5. 对学生个体进行正式评估
○询问关于他们在课堂评估中的个人分数的澄清式问题

当被问及时，学生……

4. 对全班进行非正式评估
○能描述在特定主题上班级整体的状态和进步情况
○能描述个体评估和班级整体评估之间的区别

5. 对学生个体进行正式评估
○能解释他们的评估得分对于特定知识进程意味着什么
○能根据他们在特定主题上的状态来解释自己的成绩意味着什么

评价方案

始终从步骤A开始;有关详细信息,请参阅教师证据和学生证据。

步骤	等级	描述	说明
C	4 创新	教师提供充足证据(观察性或其他)证明他识别出没有表现出预期效果的学生,然后调整自己的行为或创建新策略以满足这部分学生的特殊需求和情境。	若是,等级4 若否,等级3
B	3 应用	多数学生展示出充足证据(观察性或其他)证明他们理解自己的测验评分和等级如何与期望他们掌握的知识的进展情况相关。	若是,到步骤C 若否,等级2
A	2 发展	教师提供充足证据(观察性或其他)证明他正在运用所有以下观察类别: 4. 对全班进行非正式评估 5. 对学生个体进行正式评估	若是,到步骤B 若否,到步骤D
D	1 起始	教师提供充足证据(观察性或其他)证明他正在运用发展水平(2)中至少一种观察类别	若是,等级1 若否,等级0
	0 不使用	教师无法提供任何证据以证明他正在运用发展水平(2)中任一观察类别。	

附录 B　设计领域观察量表

设计领域三：开展直导教学

教师证据

当讲授新内容时，教师设计并开展直导教学，帮助学生理解哪部分是重要的，以及各个部分是如何融会贯通整合在一起的。

<u>教师正在……</u>

6. 将教学内容分块
○ 呈现新的陈述性知识时，强调逻辑一致的概念和细节（要素6）
○ 以组块的形式呈现新的程序性知识，组块由逻辑一致的步骤组成（要素6）

7. 教学内容多样化加工
○ 让学生分组做出预测、总结新信息并提出澄清式问题（要素7）
○ 利用分组加工策略，比如视角分析、思考帽、合作加工、切块拼接式合作学习、互惠教学、概念习得、思考—配对—分享和脚本化合作组合（要素7）

8. 记录和表征教学内容
○ 利用各种教学策略，比如：非正式提纲、总结、图形笔记、组合笔记、图形组织者、学习笔记本、自由链接网络、戏剧扮演、助记策略、押韵字挂钩和链接策略（要素8）

<u>当被问及时，教师……</u>

6. 将教学内容分块
○ 能描述将内容分成易于理解的组块的过程

7. 教学内容多样化加工
○ 能描述加工内容的多种策略

8. 记录和表征教学内容
○ 能解释使用记录和表征策略的各种方法

学生证据

学生理解哪部分是重要的，以及各个部分是如何融会贯通整合在一起的。

<u>学生正在……</u>

6. 将教学内容分块
○ 积极地理解每个分块内容

7. 教学内容多样化加工
○ 积极地与内容互动、自愿进行预测并提出澄清式问题

8. 记录和表征教学内容
○ 生成包含关键信息的总结和非言语表征
○ 表明他们记住了先前课程中的关键内容

<u>当被问及时，学生……</u>

6. 将教学内容分块
○ 能解释在新内容的讲解过程中，教师为何在特定节点停下来

7. 教学内容多样化加工
○ 能解释他们对特定信息组块的总结

8. 记录和表征教学内容
○ 能回忆起他们在直导教学中学到的内容
○ 能解释他们创建的非言语表征

评价方案

始终从步骤A开始；有关详细信息，请参阅教师证据和学生证据。

步骤	等级	描述	说明
C	4 创新	教师提供充足证据（观察性或其他）证明他识别出没有表现出预期效果的学生，然后调整自己的行为或创建新策略以满足这部分学生的特殊需求和情境。	若是，等级4 若否，等级3
B	3 应用	多数学生展示出充足证据（观察性或其他）证明他们理解哪部分是重要的，以及各个部分是如何融会贯通整合在一起的。	若是，到步骤C 若否，等级2
A	2 发展	教师提供充足证据（观察性或其他）证明他正在运用所有以下观察类别： 6. 将教学内容分块 7. 教学内容多样化加工 8. 记录和表征教学内容	若是，到步骤B 若否，到步骤D
D	1 起始	教师提供充足证据（观察性或其他）证明他正在运用发展水平（2）中至少一种观察类别。	若是，等级1 若否，等级0
	0 不使用	教师无法提供任何证据以证明他正在运用发展水平（2）中任一观察类别。	

设计领域四：积极练习/拓展

教师证据
呈现内容之后，教师设计并讲授课程，帮助学生加深对信息的理解并提高技能和过程的熟练度。

教师正在……

9. 结构化练习
○提供高度结构化的练习机会，让学生练习新技能、策略或过程，并密切监督学生的操作，以纠正早期的错误或误解（要素9）
○为学生示范技能、策略和过程（要素9）
○让学生在测验前参与多种练习：熟练度练习、实例练习或测验前练习（要素9）

10. 区分异同
○让学生识别所学内容中两个或多个元素的异同（要素10）
○使用图形组织者（例如：韦恩图、T型图、双泡图或比较矩阵）帮助学生区分异同（要素10）

11. 推理错误
○让学生识别并纠正推理错误，如逻辑错误、诘难型错误、证据不足型错误、信息不当型错误（要素11）
○让学生检查主张的证明，识别统计限制条件，或者从作者的作品中判断推理和证据（要素11）

当被问及时，教师……

9. 结构化练习
○能描述各种类型的练习及其设计根据

10. 区分异同
○能够描述在课堂上使用区分异同策略的各种方法

11. 推理错误
○能够描述各种推理错误，并能在课堂上加以应用

学生证据
学生加深对信息的理解并提高技能和过程的熟练度。

学生正在……

9. 结构化练习
○提高完成程序的能力
○提高完成程序的流畅度

10. 区分异同
○表明他们理解了正在进行比较的要素之间的异同点

11. 推理错误
○积极识别并分析推理错误

当被问及时，学生……

9. 结构化练习
○能解释练习是如何影响自己的表现的

10. 区分异同
○能解释区分异同活动是如何深化知识的

11. 推理错误
○能解释检查推理错误活动是如何深化自己对知识的理解的

附录 B　设计领域观察量表

评价方案

始终从步骤A开始；有关详细信息，请参阅教师证据和学生证据。

步骤	等级	描述	说明
C	4 创新	教师提供充足证据（观察性或其他）证明他识别出没有表现出预期效果的学生，然后调整自己的行为或创建新策略以满足这部分学生的特殊需求和情境。	若是，等级4 若否，等级3
B	3 应用	多数学生展示出充足证据（观察性或其他）证明他们正在加深对信息的理解并提高技能和过程的熟练度。	若是，到步骤C 若否，等级2
A	2 发展	教师提供充足证据（观察性或其他）证明他正在运用所有以下观察类别： 9. 结构化练习 10. 区分异同 11. 推理错误	若是，到步骤B 若否，到步骤D
D	1 起始	教师提供充足证据（观察性或其他）证明他正在运用发展水平（2）中至少一种观察类别。	若是，等级1 若否，等级0
	0 不使用	教师无法提供任何证据以证明他正在运用发展水平（2）中任一观察类别。	

设计领域五：灵活应用知识

教师证据

教师呈现知识之后，教师设计并讲授课程，帮助学生在复杂任务中应用他们的知识，得出相关主张并为之辩护。

教师正在……

12. 认知复杂的任务
○让学生参与实验探究任务、问题解决任务、决策任务、调查任务、发明任务或学生设计的认知复杂任务等。以上任务均需学生生成并检验假设（要素12）

13. 资源和指导
○提供学生完成任务所需的资源（要素13）
○在学生解决认知复杂任务时，围绕教室巡视，以方便他们请求帮助（要素13）

14. 主张
○让学生正式（口头或书面）展示并支持主张（要素14）

当被问及时，教师……

12. 认知复杂的任务
○能描述课堂上使用复杂任务的各种方法

13. 资源和指导
○能描述如何为复杂任务提供资源和指导

14. 主张
○能描述用来帮助学生生成主张并为之辩护的策略

学生证据

学生在复杂任务中应用他们的知识，得出相关主张并为之辩护。

学生正在……

12. 认知复杂的任务
○积极设计并实施复杂任务
○积极地开展复杂任务，并在此过程中做出适当调整

13. 资源和指导
○就承担的复杂任务向教师寻求建议

14. 主张
○根据认知复杂的任务去生成主张并为之辩护

当被问及时，学生……

12. 认知复杂的任务
○能描述他们参与的复杂任务类型

13. 资源和指导
○能解释教师的指导是如何帮助自己完成项目的

14. 主张
○能描述生成和证明主张是如何帮助他们更深入而严谨地学习的

评价方案

始终从步骤A开始；有关详细信息，请参阅教师证据和学生证据。

步骤	等级	描述	说明
C	4 创新	教师提供充足证据（观察性或其他）证明他识别出没有表现出预期效果的学生，然后调整自己的行为或创建新策略以满足这部分学生的特殊需求和情境。	若是，等级4 若否，等级3
B	3 应用	多数学生展示出充足证据（观察性或其他）证明他们正在应用自己的知识完成复杂任务，然后生成相关主张并为之辩护。	若是，到步骤C 若否，等级2
A	2 发展	教师提供充足证据（观察性或其他）证明他正在运用所有以下观察类别： 12. 认知复杂的任务 13. 资源和指导 14. 主张	若是，到步骤B 若否，到步骤D
D	1 起始	教师提供充足证据（观察性或其他）证明他正在运用发展水平（2）中至少一种观察类别。	若是，等级1 若否，等级0
	0 不使用	教师无法提供任何证据以证明他正在运用发展水平（2）中任一观察类别。	

设计领域六：善用教学策略

教师证据

在各种课型中，教师都运用策略帮助学生不断地将新旧知识结合起来，并相应地调整自己的理解。

<u>教师正在……</u>

15. 突出信息
○ 使用预习策略（比如就即将要学的内容向学生提问、利用信息挂钩、摇铃、预期指导等）来帮助学生建立新旧知识实践的联系（要素15）
○ 使用突出信息策略（比如复述最重要的内容，针对最重要的内容进行提问，使用声调、手势和身体姿势等）来强调重要信息（要素16）

16. 复习和完善
○ 使用复习和完善知识策略，比如累积复习、总结先前学的内容和提出复习问题等（要素17）
○ 使用复习策略，比如提醒学生查明并纠正错误、让学生识别并补充他们在知识理解中的缺漏、让学生根据反馈修正作业（要素18）
○ 使用反思策略，比如提出反思性问题（例如"你能做些什么不同的事情来改进自己的学习"），让学生反思课堂上强调的具体认知技能（例如：分类、推断、决策、创造性思维或自我调节）（要素19）

17. 拓展
○ 布置预习型作业、深化知识型作业、练习过程或技能型作业（要素20）
○ 提问学生推论性问题和精细加工型问题；提出序列问题；让学生详细解释自己的答案（要素21）

18. 组织
○ 为学生互动创建规范，使用多种小组策略对学生进行分组（例如肘部搭档、前后桌结组、亲密伙伴、教室走动寻找合作伙伴、内外圈等）（要素22）

<u>当被问及时，教师……</u>

15. 突出信息
○ 能描述课堂上用来突出关键信息的各种策略

16. 复习和完善
○ 能描述在课堂上用来复习关键内容的各种策略

17. 拓展
○ 能描述课堂上用来拓展学生知识的各种策略

18. 组织
○ 能描述课堂上用来组织学生学习的各种策略

学生证据

学生不断地将新旧知识结合起来并相应地完善对知识的理解。

<u>学生正在……</u>

15. 突出信息
○ 进行简短的总结活动，并对他们希望学习的内容做出预测

16. 复习和完善

○对先前学到的内容进行修改
○检查自己对特定任务的完成情况并尝试阐明如果再次执行任务，他们将如何做得更好

17. 拓展

○完成家庭作业后，为新学习做好了更好的准备
○自愿回答推论性问题并解释其答案

18. 组织

○快速而有目的地进入小组，小组活动时互相尊重，以加深理解的方式进行互动

当被问及时，学生……

15. 突出信息

○能描述他们所建立的与以前知识的联系，能够描述特定信息的重要性

16. 复习和完善

○能描述他们之前对主题内容的理解发生了怎样的变化
○能描述他们清楚什么、不清楚什么，能够描述他们的努力程度以及努力与学习之间的关系
○能描述他们可以做些什么来改进学习

17. 拓展

○能描述作业如何直接促进了学习
○能描述他们对内容做出的推论，表示教师的问题具有挑战性，但很有帮助

18. 组织

○能描述小组合作如何帮助他们学习

评价方案

始终从步骤A开始；有关详细信息，请参阅教师证据和学生证据。

步骤	等级	描述	说明
C	4 创新	教师提供充足证据（观察性或其他）证明他识别出没有表现出预期效果的学生，然后调整自己的行为或创建新策略以满足这部分学生的特殊需求和情境。	若是，等级4 若否，等级3
B	3 应用	多数学生展示出充足证据（观察性或其他）证明他们不断地将新旧知识相结合并相应地完善对知识的理解。	若是，到步骤C 若否，等级2
A	2 发展	教师提供充足证据（观察性或其他）证明他正在运用所有以下观察类别： 15. 突出信息 16. 复习和完善 17. 拓展 18. 组织	若是，到步骤B 若否，到步骤D
D	1 起始	教师提供充足证据（观察性或其他）证明他正在运用发展水平（2）中至少一种观察类别。	若是，等级1 若否，等级0
	0 不使用	教师无法提供任何证据以证明他正在运用发展水平（2）中任一观察类别。	

设计领域七：鼓励学生参与

教师证据

教师使用策略帮助学生聚精会神、精力充沛、好奇探究、斗志昂扬。

教师正在……

19. 注意力
○ 监控学生个体的参与水平、监控学生整体的参与水平并要求学生汇报自己的参与水平（要素23）
○ 使用集体答复、配对答复、答题卡、白板、基于技术的应答平台或手势、随机点名、等待时间等策略来让所有学生参与回答问题（要素24）

20. 精力
○ 当精力水平较低时，让学生移动身体或起立并伸展四肢；利用身体运动作为一种反应率策略（例如，用脚投票、角落活动、站立并评估）或利用身体运动帮助学生表征内容（例如，肢体展示或开展戏剧相关的活动）（要素25）
○ 根据学生的参与度需求加快或减慢课时的节奏；确保所有教学环节都以轻快、从容的方式进行；利用"动机钩"来吸引学生的注意力（要素26）
○ 建立内容与外部世界相关事物的外显联系；讲述与课程内容相关的个人故事以便于学生理解；使用幽默以激起学生对内容的兴趣，使用音量、音调、语音来强调特殊词汇或段落；使用暂停和语速调节来沟通内容强度与兴趣点（要素27）

21. 兴趣和好奇
○ 呈现不寻常的或吸引眼球的信息来捕捉学生的注意力；让学生探索、发现并分享不寻常的信息；邀请嘉宾与学生分享不寻常或吸引眼球的信息（要素28）
○ 运用友好论辩，具体策略如下：让学生解释和捍卫他们不赞同话题的立场；让学生为特定事件进行投票，并讨论各自的立场；组织研讨会、法律模型、市政厅会议或辩论；要求学生采取与自己相反的观点并捍卫自己的立场（元素29）
○ 利用非正式竞争学习游戏来复习当前单元学习内容（要素30）

22. 个体内驱力
○ 实施兴趣调查、管理学生学习档案、利用教学暂停等策略，使学生将学习内容和他们的生活联系起来；将学习内容与学生兴趣和个人经历联系起来，使学习内容与学生生活联系起来（要素31）
○ 明确地培养学生的成长型思维，具体做法是：称赞努力而非智力并让学生反思自己的努力水平；让学生参与"可能的自我活动"，使他们去想象自己未来发展的模样；让学生完成一些他们感兴趣的利己项目；学生参与利他项目，使他们与超越自我的事物联系起来（要素32）

当被问及时，教师……
19. 注意力
○ 能描述课堂上用来监控和保持注意力的各种方法
20. 精力
○ 能描述课堂上用来提升学生精力水平的各种方法
21. 兴趣和好奇
○ 能描述课堂上用来提高学生兴趣和好奇心的各种方法
22. 个体内驱力
○ 能描述课堂上用来提高学生个体内驱力的各种方法

学生证据
学生聚精会神、精力充沛、好奇探究、斗志昂扬。
学生正在……
19. 注意力
○ 知道教师正在观察他们的参与水平并在适当的时机提升自我参与水平
○ 以小组或全班的形式回答问题，并关注其他同学提供的答案
20. 精力
○ 积极参与身体运动活动，展现出精力水平的提升
○ 注意力水平随着教师兴趣和热情度的提升而提升
21. 兴趣和好奇
○ 随着不寻常信息的出现，参与水平得到提升

○ 乐于参与友好论辩活动
○ 热情地参与学习游戏
22. 个体内驱力
○ 参与那些能帮助他们建立个人兴趣与学习内容联系的活动
○ 表明他们受到了鼓舞

当被问及时，学生……
19. 注意力
○ 能理解并解释教师对他们高参与水平的期待
○ 能解释教师期待多个学生回答问题
20. 精力
○ 能解释身体运动如何维持他们的兴趣并帮助他们学习
○ 能描述有活力的教学节奏如何提高他们的学习成绩
○ 能描述教师全情教学对他们学习的影响
21. 兴趣和好奇
○ 能解释不寻常信息如何使学习内容更有趣
○ 能解释友好论辩活动如何帮助他们更好地理解学习内容
○ 能解释学习游戏如何促进他们对学习内容的理解
22. 个体内驱力
○ 能解释学习内容与个人兴趣之间的联系如何使课堂变得更为有趣，并促进其对知识内容的掌握
○ 能描述在课堂上受激励和鼓舞的各种方法

附录 B 设计领域观察量表

评价方案

始终从步骤A开始；有关详细信息，请参阅教师证据和学生证据。

步骤	等级	描述	说明
C	4 创新	教师提供充足证据（观察性或其他）证明他识别出没有表现出预期效果的学生，然后调整自己的行为或创建新策略以满足这部分学生的特殊需求和情境。	若是，等级4 若否，等级3
B	3 应用	多数学生展示出充足证据（观察性或其他）证明他们聚精会神、精力充沛、好奇探究并斗志昂扬。	若是，到步骤C 若否，等级2
A	2 发展	教师提供充足证据（观察性或其他）证明他正在运用所有以下观察类别： 19. 注意力 20. 精力 21. 兴趣和好奇 22. 个体内驱力	若是，到步骤B 若否，到步骤D
D	1 起始	教师提供充足证据（观察性或其他）证明他正在运用发展水平（2）中至少一种观察类别。	若是，等级1 若否，等级0
	0 不使用	教师无法提供任何证据以证明他正在运用发展水平（2）中任一观察类别。	

设计领域八：贯彻规则和程序

教师证据

教师运用策略帮助学生理解并遵守规则和程序。

教师正在……

23. 规则和程序

○ 使用一组（5—8条）课堂规则，向学生解释规则和程序；与学生一起生成、调整并回顾规则和程序（要素33）

24. 物理布局

○ 有策略地安排学生座位，以便学生在教室里易于结组和移动；确保学生能够轻松获取学习材料（要素34）

25. 教学机制

○ 提前留心潜在问题，采取前瞻性的行动以避免教室里出现破坏性事件；巡视统领整个班级并与每个学生进行眼神交流；采取系列分级行动来解决学生的行为问题（要素35）

26. 行为反馈

○ 使用口头肯定、非口头肯定（比如，微笑、点头、竖拇指等等）等策略；使用以优先权、活动或物件作为学生主动遵守规则和程序的奖励等策略；使用颜色编码行为卡片、日常评分表和证书等策略来赞赏遵守规则和程序的行为；主动与学生家长或监护人进行交流，表扬学生遵守规则和程序的行为（要素36）

○ 使用口头提示去提醒没有遵守规则或程序的学生；使用非口头提示去提醒没有遵守规则或程序的学生；对反复出现的破坏性行为，使用暂停或停止教学来创设一种不自然的沉默气氛以纠正这种行为；使用暂停、过度矫正、家庭关联性、高强度的情境计划和准备全方位的管理计划等策略来解决违反规则和程序的问题（要素37）

当被问及时，教师……

23. 规则和程序

○ 能描述课堂上用来设计和应用规则和程序的各种策略

24. 物理布局

○ 能描述课堂上用来布置教室物理布局的各种策略

25. 教学机制

○ 能描述课堂上审时度势控全局的各种策略

26. 行为反馈

○ 能描述课堂上给学生提供行为提醒的各种策略

学生证据

学生理解并遵守规则和程序。

学生正在……

23. 规则和程序

○ 遵守规则和程序并规范自己的行为

24. 物理布局

○ 在教室里轻松移动；充分利用材料和资源

25. 教学机制

附录B 设计领域观察量表

○意识到教师在注意他们的行为并快速有效地停止自己的潜在破坏行为

26. 行为反馈

○因教师的认可而喜悦并坚持遵守规则和程序

○听从教师的提醒，停止不当行为，并接受自己的行为是维护课堂秩序的一部分

当被问及时，学生……

23. 规则和程序

○能描述已建立的规则和程序

24. 物理布局

○能说出教室的物理布局如何促进他们的学习

25. 教学机制

○能描述教师做了什么让他们知道教师注意到教室里所发生的一切

26. 行为反馈

○能描述教师在课堂上鼓励遵守规则和程序的方法和制止不遵守规则及程序行为的方法

评价方案

始终从步骤A开始；有关详细信息，请参阅教师证据和学生证据。

步骤	等级	描述	说明
C	4 创新	教师提供充足证据（观察性或其他）证明他识别出没有表现出预期效果的学生，然后调整自己的行为或创建新策略以满足这部分学生的特殊需求和情境。	若是，等级4 若否，等级3
B	3 应用	多数学生展示出充足证据（观察性或其他）证明他们理解并遵守规则和程序。	若是，到步骤C 若否，等级2
A	2 发展	教师提供充足证据（观察性或其他）证明他正在运用所有以下观察类别： 23. 规则和程序 24. 物理布局 25. 教学机制 26. 行为反馈	若是，到步骤B 若否，到步骤D
D	1 起始	教师提供充足证据（观察性或其他）证明他正在运用发展水平（2）中至少一种观察类别。	若是，等级1 若否，等级0
	0 不使用	教师无法提供任何证据以证明他正在运用发展水平（2）中任一观察类别。	

设计领域九：建立良好关系

教师证据

教师运用策略让学生感到受欢迎、被接受并受重视。

教师正在……

27.言语和非言语提示

○在教室门口迎学生；使用肢体动作来表达对学生的喜爱和鼓励；与所有学生进行友好互动（要素38）

28.理解

○利用学生背景调查、意见问卷或非正式课堂采访等策略来更好地理解学生；利用非正式会议、家长—教师会议或非正式学生交谈等策略去了解他们（要素39）

29.客观公正

○监控自己在班级中的情绪，处理班级冲突时，保持沉着冷静；在紧张的情况下，表现出自信，既表现出对学生的尊重，又能很好地处理课堂关系（要素40）

当被问及时，教师……

27.言语和非言语提示

○能描述在课堂上用来表达对学生喜爱的各种言语和非言语策略

28.理解

○能描述在课堂上用来理解学生背景和兴趣的各种策略

29.客观公正

○能描述在课堂上用来展示客观公正与自我控制力的各种策略

学生证据

学生感到受欢迎、被接受并受重视。

学生正在……

27.言语和非言语提示

○对教师言语和非言语的情感互动做出积极回应

28.理解

○当教师表示理解他们的兴趣和背景时，积极做出回应

29.客观公正

○意识到教师持续的自控行为

当被问及时，学生……

27.言语和非言语提示

○能描述教师用言语和非言语行为表达对他们的感情的各种方式

28.理解

○能描述教师尝试了解他们的背景和兴趣的各种方式

29.客观公正

○能描述教师展现客观公正和自我控制力的各种场景

附录 B 设计领域观察量表

评价方案

始终从步骤A开始；有关详细信息，请参阅教师证据和学生证据。

步骤	等级	描述	说明
C	4 创新	教师提供充足证据（观察性或其他）证明他识别出没有表现出预期效果的学生，然后调整自己的行为或创建新策略以满足这部分学生的特殊需求和情境。	若是，等级4 若否，等级3
B	3 应用	多数学生展示出充足证据（观察性或其他）证明他们感到受欢迎、被接受并受重视。	若是，到步骤C 若否，等级2
A	2 发展	教师提供充足证据（观察性或其他）证明他正在运用所有以下观察类别： 27. 言语和非言语提示 28. 理解 29. 客观公正	若是，到步骤B 若否，到步骤D
D	1 起始	教师提供充足证据（观察性或其他）证明他正在运用发展水平（2）中至少一种观察类别。	若是，等级1 若否，等级0
	0 不使用	教师无法提供任何证据以证明他正在运用发展水平（2）中任一观察类别。	

设计领域十：寄予学习期望

教师证据

教师运用策略帮助那些被动学习者感到受重视并愉快地与教师和同伴互动。

教师正在……

30. 价值和尊重

○运用言语或非言语的方式对被动学习者表示尊重；反思对所有学生的学习期望水平以确保他对每位学生都有高期望值（要素41）

31. 与被动学习者互动

○向被动学习者提出复杂问题，给予被动学习者与主动学习者同等的问题回答机会；当被动学习者回答问题有困难时，采用重申问题、等待时间或者给出提示等策略来帮助他们（要素42）

○对被动学习者的不正确答案做出恰当回应，首先对学生的回答表示感谢，然后指出回答正确和不正确的地方；如果学生回答问题时感到困惑或尴尬，让学生暂时停止作答（要素43）

当被问及时，教师……

30. 价值和尊重

○能描述课堂上用来表现重视和尊重被动学习者的各种策略

31. 与被动学习者互动

○能描述课堂上用来向被动学习者深入提问并探查不正确答案的各种策略

学生证据

被动学习者参与到课堂活动中，感到受重视并愉快地与教师和同伴互动

学生正在……

30. 价值和尊重

○尊重教师和同学

31. 与被动学习者互动

○意识到教师向每个人提出挑战性问题

○教师探查答案时，非常努力地解释自己的答案

当被问及时，学生……

30. 价值和尊重

○能描述教师重视和尊重被动学习者的具体方法

31. 与被动学习者互动

○能描述教师对被动学习者深入提问的具体事件

○能描述教师探查被动学习者不正确答案所用的具体方法

附录 B 设计领域观察量表

评价方案

始终从步骤A开始；有关详细信息，请参阅教师证据和学生证据。

步骤	等级	描述	说明
C	4 创新	教师提供充足证据（观察性或其他）证明他识别出没有表现出预期效果的学生，然后调整自己的行为或创建新策略以满足这部分学生的特殊需求和情境。	若是，等级4 若否，等级3
B	3 应用	多数学生展示出充足证据（观察性或其他）证明他们感到受重视并愉快地与教师和同伴进行互动。	若是，到步骤C 若否，等级2
A	2 发展	教师提供充足证据（观察性或其他）证明他正在运用所有以下观察类别： 30. 价值和尊重 31. 与被动学习者互动	若是，到步骤B 若否，到步骤D
D	1 起始	教师提供充足证据（观察性或其他）证明他正在运用发展水平（2）中至少一种观察类别。	若是，等级1 若否，等级0
	0 不使用	教师无法提供任何证据以证明他正在运用发展水平（2）中任一观察类别。	

附录 C
教师反思追踪表

本附录包含一个表格，教师可以使用该表格来记录自评等级分数。依照NASOT模式进行年度反思时，教师在相应的格内填入每个要素的自评分数。当教师通过集中练习使某要素得到改进时，他应更新此表上的分数。

请访问MarzanoResources.com/reproducibles/ITDE以获得本附录的免费可复制版本。

要素	0	1	2	3	4
1. 提供评分量表和量规					
2. 追踪学生进步					
3. 赞扬学生成功					
4. 对全班进行非正式评估					
5. 对学生个体进行正式评估					
6. 将教学内容分块					
7. 教学内容多样化加工					
8. 记录和表征教学内容					
9. 运用结构化练习时段					
10. 区分异同					
11. 检查推理错误					
12. 鼓励学生参与认知复杂的任务					
13. 提供资源和指导					
14. 生成与维护主张					

附录 C 教师反思追踪表

（续表）

要素	0	1	2	3	4
15. 预习策略					
16. 突出关键信息					
17. 复习相关内容					
18. 完善知识					
19. 反思学习					
20. 精心布置家庭作业					
21. 精细加工知识					
22. 组织学生互动					
23. 提醒学生注意参与课堂学习					
24. 增强学生反应率					
25. 利用身体运动					
26. 保持有活力的节奏					
27. 全情投入教学					
28. 呈现不寻常的信息					
29. 运用友好论辩					
30. 运用学习游戏					
31. 提供机会让学生述说					
32. 激励和鼓舞学生					
33. 建立规则和程序					
34. 合理安排教室物理布局					
35. 审时度势控全局					
36. 鼓励遵守规则和程序					

（续表）

要素	0	1	2	3	4
37.制止不遵守规则和程序的行为					
38.运用言语和非言语行为对学生表达喜爱					
39.理解学生的背景和兴趣					
40.展现客观公正和自我控制力					
41.看到被动学习者的长处并对其表示尊重					
42.对被动学习者深入提问					
43.与被动学习者一起探查不正确答案					

资料来源：© 2021，罗伯特·J. 马扎诺。

附录 D
设计领域、观察类别和要素的追踪表

　　本附录包含一个表格，督导和领导者可以使用该表格来记录教师在设计领域、观察类别和要素方面的等级分数。此表有助于使用连缀法进行评级。督导或领导者可在相应格内对教师在特定要素上进行评分，然后据此得出观察类别和设计领域的等级。当教师改进了某要素或提交了额外证据时，应更新此表。

附录 D 设计领域、观察类别和要素的追踪表

设计领域	设计领域等级	观察类别	观察类别等级	要素	0	1	2	3	4
I.明确学习目标		i.量表和量规		1.提供评分量表和量规					
		ii.进步追踪		2.追踪学生进步					
		iii.赞扬		3.赞扬学生成功					
II.实施教学评估		iv.对全班进行非正式评估		4.对全班进行非正式评估					
		v.对学生个体进行正式评估		5.对学生个体进行正式评估					
III.开展直导教学		vi.教学内容分块		6.将教学内容分块					
		vii.内容加工		7.教学内容多样化加工					
		viii.记录表征		8.记录表征教学内容					
IV.积极练习/拓展		ix.结构化练习		9.运用结构化练习时段					
		x.异同		10.区分异同					
		xi.推理错误		11.检查推理错误					
V.灵活应用知识		xii.复杂任务		12.鼓励学生参与认知复杂的任务					
		xiii.资源和指导		13.提供资源和指导					
		xiv.主张		14.生成与维护主张					

203

附录 D 设计领域、观察类别和要素的追踪表

（续表）

设计领域	设计领域等级	观察类别	观察类别等级	要素	0	1	2	3	4
VI.善用教学策略		xv.突出信息		15.预习策略					
				16.突出关键信息					
		xvi.复习和完善		17.复习相关内容					
				18.完善知识					
				19.反思学习					
		xvii.拓展		20.精心布置家庭作业					
				21.精细加工知识					
		xviii.组织		22.组织学生互动					
VII.鼓励学生参与		xix.注意力		23.提醒学生注意参与课堂学习					
				24.增强学生反应率					
				25.利用身体运动					
		xx.精力		26.保持有活力的节奏					
				27.全情投入教学					
		xxi.兴趣和好奇心		28.呈现不寻常的信息					
				29.运用友好论辩					
				30.运用学习游戏					
		xxii.个体驱动力		31.提供机会让学生述说					
				32.激励和鼓舞学生					

附录D 设计领域、观察类别和要素的追踪表

（续表）

设计领域	设计领域等级	观察类别	观察类别等级	要素	0	1	2	3	4
VIII.贯彻规则和程序		xxiii.规则和程序		33.建立规则和程序					
		xxiv.物理布局		34.合理安排教室物理布局					
		xxv.教学机制		35.审时度势控全局					
		xxvi.行为反馈		36.鼓励遵守规则程序					
				37.制止不遵守规则和程序的行为					
IX.建立良好关系		xxvii.言语和非言语提示		38.运用言语和非言语行为对学生表达喜爱					
		xxviii.理解		39.理解学生的背景和兴趣					
		xxix.客观公正		40.展现客观公正和自我控制力					
		xxx.价值和尊重		41.看到被动学习者的长处并对其表示尊重					
				42.对被动学习者深入提问					
X.高学习期望		xxxi.与被动学习者互动		43.与被动学习者一起探查不正确答案					

205

"常青藤"书系—中青文教师用书总目录

	书名	书号	定价
	特别推荐——从优秀到卓越系列		
★	从优秀教师到卓越教师：极具影响力的日常教学策略	9787515312378	33.80
★	从优秀教学到卓越教学：让学生专注学习的最实用教学指南	9787515324227	39.90
★	从优秀学校到卓越学校：他们的校长在哪些方面做得更好	9787515325637	59.90
★	卓越课堂管理（中国教育新闻网2015年度"影响教师的100本书"）	9787515331362	88.00
	名师新经典/教育名著		
	最难的问题不在考试中：先别教答案，带学生自己找到想问的事	9787515365930	48.00
	在芬兰中小学课堂观摩研修的365日	9787515363608	49.00
★	马文·柯林斯的教育之道：通往卓越教育的路径（《中国教育报》2019年度"教师喜爱的100本书"，中国教育新闻网"影响教师的100本书"。朱永新作序，李希贵力荐）	9787515355122	49.80
	如何当好一名学校中层：快速提升中层能力、成就优秀学校的31个高效策略	9787515346519	49.00
	像冠军一样教学：引领学生走向卓越的62个教学诀窍	9787515343488	49.00
	像冠军一样教学2：引领教师掌握62个教学诀窍的实操手册与教学资源	9787515352022	68.00
	如何成为高效能教师	9787515301747	89.00
★	给教师的101条建议（第三版）（《中国教育报》"最佳图书"奖）	9787515342665	49.00
★	改善学生课堂表现的50个方法（入选《中国教育报》"影响教师的100本书"）	9787500693536	33.00
	改善学生课堂表现的50个方法操作指南：小技巧获得大改变	9787515334783	39.00
	美国中小学世界历史读本/世界地理读本/艺术史读本	9787515317397等	106.00
	美国语文读本1-6	9787515314624等	252.70
	和优秀教师一起读苏霍姆林斯基	9787500698401	27.00
	快速破解60个日常教学难题	9787515339320	39.90
★	美国最好的中学是怎样的——让孩子成为学习高手的乐园	9787515344713	28.00
	建立以学习共同体为导向的师生关系：让教育的复杂问题变得简单	9787515353449	33.80
	教师成长/专业素养		
	教师生存指南：即查即用的课堂策略、教学工具和课程活动	9787515370521	79.00
	如何更积极地教学	9787515369594	49.00
	教师的专业成长与评价性思考：专业主义如何影响和改变教育	9787515369143	49.90
	精益教育与可见的学习：如何用更精简的教学实现更好的学习成果	9787515368672	59.90
	教学这件事：感动几代人的教师专业成长指南	9787515367910	49.00
	如何更快地变得更好：新教师90天培训计划	9787515365824	59.90
	让每个孩子都发光：赋能学生成长、促进教师发展的KIPP学校教育模式	9787515366852	59.00
	60秒教师专业发展指南：给教师的239个持续成长建议	9787515366739	59.90
	通过积极的师生关系提升学生成绩：给教师的行动清单	9787515356877	49.00
	卓越教师工具包：帮你顺利度过从教的前5年	9787515361345	49.00
★	可见的学习与深度学习：最大化学生的技能、意志力和兴奋感	9787515361116	45.00
	学生教给我的17件重要的事：带给你爱、勇气、坚持与创意的人生课堂	9787515361208	39.80
★	教师如何持续学习与精进	9787515361109	39.00
	从实习教师到优秀教师	9787515358673	39.90
	像领袖一样教学：改变学生命运，使学生变得更好（中国教育新闻网2015年度"影响教师的100本书"）	9787515355375	49.00
★	你的第一年：新教师如何生存和发展	9787515351599	33.80
	教师精力管理：让教师高效教学，学生自主学习	9787515349169	39.90
	如何使学生成为优秀的思考者和学习者：哈佛大学教育学院课堂思考解决方案	9787515348155	49.90
	反思性教学：一个被证明能让教师做到更好的培训项目（30周年纪念版）	9787515347837	59.90
★	凭什么让学生服你：极具影响力的日常教育策略（中国教育新闻网2017年度"影响教师的100本书"）	9787515347554	39.90
	运用积极心理学提高学生成绩（中国教育新闻网2017年度"影响教师的100本书"）	9787515345680	59.90

书名	书号	定价
可见的学习与思维教学：成长型思维教学的54个教学资源：教学资源版	9787515354743	36.00
★ 可见的学习与思维教学：让教学对学生可见，让学习对教师可见（中国教育报2017年度"教师最喜爱的100本书"）	9787515345000	39.90
教学是一段旅程：成长为卓越教师你一定要知道的事	9787515344478	39.00
安奈特·布鲁肖写给教师的101首诗	9787515340982	35.00
万人迷老师养成宝典学习指南	9787515340784	28.00
中小学教师职业道德培训手册：师德的定义、养成与评估	9787515340777	32.00
成为顶尖教师的10项修炼（中国教育新闻网2015年度"影响教师的100本书"）	9787515334066	49.90
★ T.E.T.教师效能训练：一个已被证明能让所有年龄学生做到最好的培训项目（30周年纪念版）（中国教育新闻网2015年度"影响教师的100本书"）	9787515332284	49.00
教学需要打破常规：全世界最受欢迎的创意教学法（中国教育新闻网2015年度"影响教师的100本书"）	9787515331591	45.00
给幼儿教师的100个创意：幼儿园班级设计与管理	9787515330310	39.90
给小学教师的100个创意：发展思维能力	9787515327402	29.00
给中学教师的100个创意： 如何激发学生的天赋和特长/杰出的教学/快速改善学生课堂表现	9787515330723等	87.90
以学生为中心的翻转教学11法	9787515328386	29.00
如何使教师保持职业激情	9787515305868	29.00
★ 如何培训高效能教师：来自全美权威教师培训项目的建议	9787515324685	39.90
良好教学效果的12试金石：每天都需要专注的事情清单	9787515326283	29.90
★ 让每个学生主动参与学习的37个技巧	9787515320526	45.00
给教师的40堂培训课：教师学习与发展的最佳实操手册	9787515352787	39.90
提高学生学习效率的9种教学方法	9787515310954	27.80
★ 优秀教师的课堂艺术：唤醒快乐积极的教学技能手册	9787515342719	26.00
★ 万人迷老师养成宝典（第2版）（入选《中国教育报》"2010年影响教师的100本书"）	9787515342702	39.00
高效能教师的9个习惯	9787500699316	26.00
课堂教学/课堂管理		
★ 老师怎么做，学生才会听：给教师的学生行为管理指南	9787515370811	59.90
精通式学习法：基于提高学生能力的学习方法	9787515370606	49.90
好的教学是设计出来的：一套详细、先进、实用的卓越课堂设计和实施方案	9787515370705	49.00
翻转课堂与差异化教学：以学生为中心的课内翻转教学法	9787515370590	49.00
精益备课法：在课堂上少做多得的实用方法	9787515370088	49.00
记忆教学法：利用记忆在课堂上建立深入和持久的学习	9787515370095	49.00
动机教学法：利用学习动机科学来提高课堂上的注意力和努力	9787515370101	49.00
★ 课堂上的提问逻辑：更深度、更系统地促进学生的学习与思考	9787515369983	49.90
可见的教学影响力：系统地执行可见的学习5D深度教学	9787515369624	59.00
极简课堂管理法：给教师的18个精讲课堂管理的建议	9787515369600	49.00
★ 像行为管理大师一样管理你的课堂：给教师的课堂行为管理解决方案	9787515368108	59.00
差异化教学与个性化教学：未来多元课堂的智慧教学解决方案	9787515367095	49.90
如何设计线上教学细节：快速提升线上课程在线率和课堂学习参与度	9787515365886	49.00
设计型学习法：教学与学习的重新构想	9787515366982	59.00
让学习真正在课堂上发生：基于学习状态、高度参与、课堂生态的深度教学	9787515366975	49.00
让教师变得更好的75个方法：用更少的压力获得更快的成功	9787515365831	49.00
技术如何改变教学：使用课堂技术创造令人兴奋的学习体验，并让学生对学习记忆深刻	9787515366661	49.00
课堂上的问题形成技术：老师怎样做，学生才会提出好的问题	9787515366401	45.00
翻转课堂与项目式学习	9787515365817	45.00
★ 优秀教师一定要知道的19件事：回答教师核心素养问题，解读为什么要向优秀者看齐	9787515366630	39.00
从作业设计开始的30个创意教学法：运用互动反馈循环实现深度学习	9787515366364	59.00
基于课堂中精准理解的教学设计	9787515365909	49.00

	书名	书号	定价
	如何创建培养自主学习者的课堂管理系统	9787515365879	49.00
	如何设计深度学习的课堂：引导学生学习的176个教学工具	9787515366715	49.90
	如何提高课堂创意与参与度：每个教师都可以使用的178个教学工具	9787515365763	49.90
	如何激活学生思维：激励学生学习与思考的187个教学工具	9787515365770	49.90
	男孩不难教：男孩学业、态度、行为问题的新解决方案	9787515364827	49.00
★	高度参与的线上线下融合式教学设计：极具影响力的备课、上课、练习、评价项目教学法	9787515364438	49.00
★	跨学科项目式教学：通过"+1"教学法进行计划、管理和评估	9787515361086	49.00
	课堂上最重要的56件事	9787515360775	35.00
	全脑教学与游戏教学法	9787515360690	39.00
★	深度教学：运用苏格拉底式提问法有效开展备课设计和课堂教学	9787515360591	49.90
★	一看就会的课堂设计：三个步骤快速构建完整的课堂管理体系	9787515360584	39.90
	如何有效激发学生学习兴趣	9787515360577	38.00
	如何解决课堂上最关键的9个问题	9787515360195	49.00
	多元智能教学法：挖掘每一个学生的最大潜能	9787515359885	39.90
★	探究式教学：让学生学会思考的四个步骤	9787515359496	39.00
	课堂提问的技术与艺术	9787515358925	49.00
	如何在课堂上实现卓越的教与学	9787515358321	49.00
	基于学习风格的差异化教学	9787515358437	39.90
★	如何在课堂上提问：好问题胜过好答案	9787515358253	39.00
★	高度参与的课堂：提高学生专注力的沉浸式教学	9787515357522	39.90
	让学习变得有趣	9787515357782	39.00
★	如何利用学校网络进行项目式学习和个性化学习	9787515357591	39.90
	基于问题导向的互动式、启发式与探究式课堂教学法	9787515356792	49.00
★	如何在课堂中使用讨论：引导学生讨论式学习的60种课堂活动	9787515357027	38.00
★	如何在课堂中使用差异化教学	9787515357010	39.90
★	如何在课堂中培养成长型思维	9787515356754	39.90
	每一位教师都是领导者：重新定义教学领导力	9787515356518	39.90
★	教室里的1-2-3魔法教学：美国广泛使用的从学前到八年级的有效课堂纪律管理	9787515355986	39.90
	如何在课堂中使用布卢姆教育目标分类法	9787515355658	39.00
	如何在课堂上使用学习评估	9787515355597	39.00
	7天建立行之有效的课堂管理系统：以学生为中心的分层式正面管教	9787515355269	29.90
	积极课堂：如何更好地解决课堂纪律与学生的冲突	9787515354590	38.00
	设计智慧课堂：培养学生一生受用的学习习惯与思维方式	9787515352770	39.00
	追求学习结果的88个经典教学设计：轻松打造学生积极参与的互动课堂	9787515353524	39.00
	从备课开始的100个课堂活动设计：创造积极课堂环境和学习乐趣的教师工具包	9787515353432	33.80
	老师怎么教，学生才能记得住	9787515353067	48.00
	多维互动式课堂管理：50个行之有效的方法助你事半功倍	9787515353395	39.80
	智能课堂设计清单：帮助教师建立一套规范程序和做事方法	9787515352985	49.90
	提升学生小组合作学习的56个策略：让学生变得专注、自信、会学习	9787515352954	29.90
	快速处理学生行为问题的52个方法：让学生变得自律、专注、爱学习	9787515352428	39.00
	王牌教学法：罗恩·克拉克学校的创意课堂	9787515352145	39.80
	让学生快速融入课堂的88个趣味游戏：让上课变得新颖、紧凑、有成效	9787515351889	39.00
★	如何调动与激励学生：唤醒每个内在学习者（李希贵校长推荐全校教师研读）	9787515350448	39.80
	合作学习技能35课：培养学生的协作能力和未来竞争力	9787515340524	59.00
	基于课程标准的STEM教学设计：有趣有料有效的STEM跨学科培养教学方案	9787515349879	68.00
	如何设计教学细节：好课堂是设计出来的	9787515349152	39.00
	15秒课堂管理法：让上课变得有料、有趣、有秩序	9787515348490	49.00
	混合式教学：技术工具辅助教学实操手册	9787515347073	39.80

	书名	书号	定价
	从备课开始的50个创意教学法	9787515346618	39.00
	中学生实现成绩突破的40个引导方法	9787515345192	33.00
	给小学教师的100个简单的科学实验创意	9787515342481	39.00
	老师如何提问,学生才会思考	9787515341217	49.00
	教师如何提高学生小组合作学习效率	9787515340340	39.00
	卓越教师的200条教学策略	9787515340401	49.90
	中小学生执行力训练手册:教出高效、专注、有自信的学生	9787515335384	49.90
	从课堂开始的创客教育:培养每一位学生的创造能力	9787515342047	33.00
	提高学生学习专注力的8个方法:打造深度学习课堂	9787515333557	35.00
	改善学生学习态度的58个建议	9787515324067	36.00
★	全脑教学(中国教育新闻网2015年度"影响教师的100本书")	9787515323169	38.00
★	全脑教学与成长型思维教学:提高学生学习力的92个课堂游戏	9787515349466	39.00
★	哈佛大学教育学院思维训练课:让学生学会思考的20个方法	9787515325101	59.90
	完美结束一堂课的35个好创意	9787515325163	28.00
	如何更好地教学:优秀教师一定要知道的事	9787515324609	49.90
	带着目的教与学	9787515323978	39.90
★	美国中小学生社会技能课程与活动(学前阶段/1-3年级/4-6年级/7-12年级)	9787515322537等	215.70
	彻底走出教学误区:开启轻松智能课堂管理的45个方法	9787515322285	28.00
	破解问题学生的行为密码:如何教好焦虑、逆反、孤僻、暴躁、早熟的学生	9787515322292	36.00
	13个教学难题解决手册	9787515320502	28.00
★	让学生爱上学习的165个课堂游戏	9787515319032	59.00
	美国学生游戏与素质训练手册:培养孩子合作、自尊、沟通、情商的103种教育游戏	9787515325156	49.00
	老师怎么说,学生才会听	9787515312057	39.00
	快乐教学:如何让学生积极与你互动(入选《中国教育报》"影响教师的100本书")	9787500696087	29.00
★	老师怎么教,学生才会提问	9787515317410	29.00
★	快速改善课堂纪律的75个方法	9787515313665	39.90
★	教学可以很简单:高效能教师轻松教学7法	9787515314457	39.00
★	好老师可以避免的20个课堂错误(入选《中国教育报》"影响教师的100本图书")	9787500688785	39.90
★	好老师应对课堂挑战的25个方法(《给教师的101条建议》作者新书)	9787500699378	25.00
★	好老师激励后进生的21个课堂技巧	9787515311838	39.80
	开始和结束一堂课的50个好创意	9787515312071	29.80
	好老师因材施教的12个方法(美国著名教师伊莉莎白"好老师"三部曲)	9787500694847	22.00
★	如何打造高效能课堂	9787500680666	29.00
	合理有据的教师评价:课堂评估衡量学生进步	9787515330815	29.00
班主任工作/德育			
	30年班主任,我没干够(《凭什么让学生服你》姊妹篇)	9787515370569	59.00
★	北京四中8班的教育奇迹	9787515321608	36.00
★	师德教育培训手册	9787515326627	29.80
★	好老师征服后进生的14堂课(美国著名教师伊莉莎白"好老师"三部曲)	9787500693819	39.90
	优秀班主任的50条建议:师德教育感动读本(《中国教育报》专题推荐)	9787515305752	23.00
学校管理/校长领导力			
★	哈佛大学教育学院学校创新管理课	9787515369389	59.90
	如何构建积极型学校	9787515368818	49.90
	卓越课堂的50个关键问题	9787515366678	39.00
	如何培育卓越教师:给学校管理者的行动清单	9787515357034	39.00
★	学校管理最重要的48件事	9787515361055	39.80
	重新设计学习和教学空间:设计利于活动、游戏、学习、创造的学习环境	9787515360447	49.90
	重新设计一所学校:简单、合理、多样化地解构和重塑现有学习空间和学校环境	9787515356129	49.00
	让樱花绽放英华	9787515355603	79.00
	学校管理者平衡时间和精力的21个方法	9787515349886	29.90

书名	书号	定价
校长引导中层和教师思考的50个问题	9787515349176	29.00
如何定义、评估和改变学校文化	9787515340371	29.80
优秀校长一定要做的18件事（入选《中国教育报》"2009年影响教师的100本书"）	9787515342733	39.90
学科教学/教科研		
精读三国演义20讲：读写与思辨能力提升之道	9787515369785	59.90
中学古文观止50讲：文言文阅读能力提升之道	9787515366555	59.90
完美英语备课法：用更短时间和更少材料让学生高度参与的100个课堂游戏	9787515366524	49.00
人大附中整本书阅读取胜之道：让阅读与作文双赢	9787515364636	59.90
北京四中语文课：千古文章	9787515360973	59.00
北京四中语文课：亲近经典	9787515360980	59.00
从备课开始的56个英语创意教学：快速从小白老师到名师高手	9787515359878	49.90
美国学生写作技能训练	9787515355979	39.90
《道德经》妙解、导读与分享（诵读版）	9787515351407	49.00
京沪穗江浙名校名师联手教你：如何写好中考作文	9787515356570	49.90
京沪穗江浙名校名师联手授课：如何写好高考作文	9787515356686	49.80
★ 人大附中中考作文取胜之道	9787515345567	59.90
★ 人大附中高考作文取胜之道	9787515320694	49.90
★ 人大附中学生这样学语文：走近经典名著	9787515328959	49.90
四界语文（入选《中国教育报》2017年度"教师喜爱的100本书"）	9787515348483	49.00
让小学一年级孩子爱上阅读的40个方法	9787515307589	39.90
让学生爱上数学的48个游戏	9787515326207	26.00
轻松100课教会孩子阅读英文	9787515338781	88.00
情商教育/心理咨询		
如何防止校园霸凌：帮助孩子自信、有韧性和坚强成长的实用工具	9787515370156	59.90
连接课：与中小学学科课程并重的一门课	9787515370613	49.90
给大人的关于儿童青少年情绪与行为问题的应对指南	9787515366418	89.90
教师焦点解决方案：运用焦点解决方案管理学生情绪与行为	9787515369471	49.90
9节课，教你读懂孩子：妙解亲子教育、青春期教育、隔代教育难题	9787515351056	39.80
★ 学生版盖洛普优势识别器（独一无二的优势测量工具）	9787515350387	169.00
与孩子好好说话（获"美国国家育儿出版物（NAPPA）金奖"）	9787515350370	39.80
中小学心理教师的10项修炼	9787515309347	36.00
★ 别和青春期的孩子较劲（增订版）（入选《中国教育报》"2009年影响教师的100本书"）	9787515343075	39.90
★ 100条让孩子胜出的社交规则	9787515327648	28.00
守护孩子安全一定要知道的17个方法	9787515326405	32.00
幼儿园/学前教育		
幼儿园室内区域活动书：107个有趣的学习游戏活动	9787515369778	59.90
幼儿园户外区域活动书：106个有趣的学习游戏活动	9787515369761	59.90
中挪学前教育合作式学习：经验·对话·反思	9787515364858	79.00
幼小衔接听读能力课	9787515364643	33.00
用蒙台梭利教育法开启0～6岁男孩潜能	9787515361222	45.00
德国幼儿的自我表达课：不是孩子爱闹情绪，是她/他想说却不会说！	9787515359458	59.00
德国幼儿教育成功的秘密：近距离体验德国学前教育理念与幼儿园日常活动安排	9787515359465	49.80
美国儿童自然拼读启蒙课：至关重要的早期阅读训练系统	9787515351933	49.80
幼儿园30个大主题活动精选：让工作更轻松的整合技巧	9787515339627	39.80
★ 美国幼儿教育活动大百科：3-6岁儿童学习与发展指南用书 科学／艺术／健康与语言／社会	9787515324265等	600.00
蒙台梭利早期教育法：3-6岁儿童发展指南（理论版）	9787515322544	29.80
蒙台梭利儿童教育手册：3-6岁儿童发展指南（实践版）	9787515307664	33.00
★ 自由地学习：华德福的幼儿园教育	9787515328300	49.90
教育主张/教育视野		
重新定义教育：为核心素养而教，为生存能力而学	9787515369945	59.90

	书名	书号	定价
	重新定义学习：如何设计未来学校与引领未来学习	9787515367484	49.90
	教育新思维：帮助孩子达成目标的实战教学法	9787515365848	49.00
★	教学是如何发生的：关于教学与教师效能的开创性研究及其实践意义	9787515370323	59.90
★	学习是如何发生的：教育心理学中的开创性研究及其实践意义	9787515366531	59.90
	父母不应该错过的犹太人育儿法	9787515365688	59.00
	如何在线教学：教师在智能教育新形态下的生存与发展	9787515365855	49.00
	正向养育：黑幼龙的慢养哲学	9787515365671	39.90
	颠覆教育的人：蒙台梭利传	9787515365572	59.90
	如何科学地帮助孩子学习：每个父母都应知道的77项教育知识	9787515368092	59.00
	学习的科学：每位教师都应知道的99项教育研究成果（升级版）	9787515368078	59.90
	学习的科学：每位教师都应知道的77项教育研究成果	9787515364094	59.00
	真实性学习：如何设计体验式、情境式、主动式的学习课堂	9787515363769	49.00
	哈佛前1%的秘密（俞敏洪、成甲、姚梅林、张梅玲推荐）	9787515363349	59.90
	基于七个习惯的自我领导力教育设计：让学校育人更有道，让学生自育更有根	9787515362809	69.00
	终身学习：让学生在未来拥有不可替代的决胜力	9787515360560	49.90
	颠覆性思维：为什么我们的阅读方式很重要	9787515360393	39.90
	如何教学生阅读与思考：每位教师都需要的阅读训练手册	9787515359472	39.00
	成长型教师：如何持续提升教师成长力、影响力与教育力	9787515368689	48.00
	教出阅读力	9787515352800	39.90
	为学生赋能：当学生自己掌控学习时，会发生什么	9787515352848	33.00
★	如何用设计思维创意教学：风靡全球的创造力培养方法	9787515352367	39.80
	如何发现孩子：实践蒙台梭利解放天性的趣味游戏	9787515325750	32.00
	如何学习：用更短的时间达到更佳效果和更好成绩	9787515349084	49.00
	教师和家长共同培养卓越学生的10个策略	9787515331355	27.00
★	如何阅读：一个已被证实的低投入高回报的学习方法	9787515346847	39.00
★	芬兰教育全球第一的秘密（钻石版）（《中国教育报》等主流媒体专题推荐）	9787515359922	59.00
	培养终身学习能力和习惯的芬兰教育：成就每一个学生，拥有适应未来的核心素养和必备技能	9787515370415	59.00
★	杰出青少年的7个习惯（精英版）	9787515342672	39.00
	杰出青少年的7个习惯（成长版）	9787515335155	29.00
★	杰出青少年的6个决定（领袖版）（全国优秀出版物奖）	9787515342658	49.90
★	7个习惯教出优秀学生（第2版）（全球畅销书《高效能人士的七个习惯》教师版）	9787515342573	39.90
	学习的科学：如何学习得更好更快（入选中国教育网2016年度"影响教师的100本书"）	9787515341767	39.80
	杰出青少年构建内心世界的5个坐标（中国青少年成长公开课）	9787515314952	59.00
★	跳出教育的盒子（第2版）（美国中小学教学经典畅销书）	9787515344676	35.00
	夏烈教授给高中生的19场讲座	9787515318813	29.90
★	学习之道：美国公认经典学习书	9787515342641	39.00
	翻转学习：如何更好地实践翻转课堂与慕课教学（中国教育新闻网2015年度"影响教师的100本书"）	9787515334837	32.00
★	翻转课堂与慕课教学：一场正在到来的教育变革	9787515328232	26.00
	翻转课堂与混合式教学：互联网+时代，教育变革的最佳解决方案	9787515349022	29.80
	翻转课堂与深度学习：人工智能时代，以学生为中心的智慧教学	9787515351582	29.80
★	奇迹学校：震撼美国教育界的教学传奇（中国教育新闻网2015年度"影响教师的100本书"）	9787515327044	36.00
★	学校是一段旅程：华德福教师1-8年级教学手记	9787515327945	49.00
★	高效能人士的七个习惯（30周年纪念版）（全球畅销书）	9787515360430	79.00

您可以通过如下途径购买：
1. 书　　店：各地新华书店、教育书店。
2. 网上书店：当当网（www.dangdang.com）、天猫（zqwts.tmall.com）、京东网（www.jd.com）。
3. 团　　购：各地教育部门、学校、教师培训机构、图书馆团购，可享受特别优惠。
　 购书热线：010-65511272 / 65516873

高度参与的课堂：提高学生专注力的沉浸式教学

ISBN：978-7-5153-5752-2
作者：[美] 罗伯特·J. 马扎诺
　　　黛布拉·皮克林
　　　塔米·赫夫尔鲍尔
定价：39.90元

- 入选中国教育网2019年度"影响教师的100本书"
- 让学生参与变成一种常态

○ 美国教育界专家、马扎诺研究中心创始人倾情力作
○ 帮助教师更轻松管理课堂，帮助学生更容易融入课堂

内容简介：

　　本书涉及的课堂实践可以积极地影响学生的专注力和参与度。学生在课堂上的高度参与显然是高效教学的核心方面之一。如果学生不积极参与，他们就几乎没有机会学到课堂上的知识。利用本书中提出的实用性建议，每位教师都可以创造一个课堂环境，让学生对以下四个问题产生积极应答，让学生参与变成一种课堂常态：

　　·我感觉如何？　　·我感兴趣吗？　　·这重要吗？　　·我能做到吗？

　　本书阐述了教学视角的根本性改变。"我感觉如何"关乎学生情感，"我感兴趣吗"关乎课堂吸引程度，这两个问题和专注力有关。"这重要吗"探讨学生如何将课堂目标与个人目标联系起来，"我能做到吗"说的是如何培养学生的自我效能感，这两个问题涉及长期的课堂参与，对这两个问题的解决，也为教师、学校开辟了新的教学视角。除了专注于教授学生学术内容，教师还应让学生意识到，他们认为什么是重要的，以及他们的思维模式如何对他们的生活产生积极或消极的影响。这种意识可以帮助学生学到更重要、更具影响力的知识。

作者简介：

　　罗伯特·J. 马扎诺博士，美国教育界专家，马扎诺研究中心联合创始人兼首席执行官，著名演讲者、培训师和作家。他将崭新的研究和理论转化为课堂实践，在国际上广为人知，并被教师和管理人员广泛应用。

　　黛布拉·皮克林博士，马扎诺研究中心高级学者，致力于为众多学校和地区提供教育咨询。作为一名课堂教师、教育界领导者和学区行政管理人员，皮克林博士在其整个教育生涯中获得了丰富的实践经验。

　　塔米·赫夫尔鲍尔博士，马扎诺研究中心副总裁，同时也是一名教育顾问。赫夫尔鲍尔博士在密苏里州堪萨斯城开始了她的教学生涯，后来搬到内布拉斯加州，在那里获得了地区杰出教师奖。

重构学校教育模式

如何选择最优手段实现教育目标

⇨ 提供日本公立名校教育改革可借鉴的成功模板，大到学校管理、考试制度与研学活动，小到作业布置、笔记模板与纪律教育，为教师提供高效解决方案。

⇨ 提供教育改革思路，用"手段与目的"的视角重新审视学校制度与教学活动，帮助教育工作者明晰工作重点，提升教学效率。

ISBN：978-7-5153-6806-1
作者：【日】工藤勇一
定价：48.00

内容简介

学校存在的目的是什么？从根源上说，是"为了让人能更好地立足于社会"。但在实际教学中，教育工作者常常错将教育"手段"当成"目的"，使学校活动背离了教育的初衷。

基于此，日本公立名校麹町中学重新审视了学校里那些"理所当然"的制度，并对教学实践体系和管理体系进行了改革，涉及到家庭作业、考试制度、班主任制度、运动会运营、学生笔记模板、研学旅行、课外活动等方面。书中详细介绍了每项改革的内容和背后的逻辑与思考，将为教育工作者打开新思路，帮助他们从教育的原点出发，培育出自律自主、全面发展的学生！

作者简介

工藤勇一，现任日本千代田区立麹町中学校长，兼任日本教育再生执行会议委员、经济产业省"未来教室"与EdTech研究委员会委员等职务。曾任日本山形县公立中学教员、东京都公立中学教员，并在东京都教育委员会、目黑区教育委员会、新宿区教育委员会曾任教育指导员等职。

- 入选中国教育新闻网2022年度"影响教师的 100 本书"TOP10
- 中国教育学会副会长李希贵诚意推荐，没有学习就没有真正的教育！
- "立足学生学习，为今天的教育从业者提供教学思维方式转变的详细指导，为 k-12 教育系统开启教学与学习的全新设计！"

重新定义 学习
如何设计未来学校与引领未来学习

ISBN：978-7-5153-6748-4
作者：[美]埃里克·C.申英格，托马斯·C.默里
2022-11　定价：49.90元

内容简介： 教育可以影响当下，改变未来。在面向未来教育时，学校与教师的职责是让学生为他们的未来做好准备，以获得更大的成功。本书为K12教育系统开启了教学与学习的全新设计。

- 如何打破传统教学壁垒，为学生提供深入探索的学习机会？
- 如何实施精确的学习任务，帮助学生为未来做好准备？
- 如何提供有针对性的反馈，使技术可以提高学习参与度？
- 如何设计以学生为中心的学习空间？
- 如何建立集体愿景和塑造学校文化？

埃里克·C.申英格　学习技术和教学领导专家，国际教育领导力中心（ICLE）副合伙人和高级研究员，Adobe教育领袖，畅销书作家。

在此之前，他是全球公认的创新实践学校——美国新米尔福德高中备受赞誉的校长。他成功领导了学校的变革，改变了学校的学习文化，同时提高了学习成绩。

托马斯·C.默里　卓越教育联盟项目未来预备学校的创意总监，畅销书《真实性学习：如何设计体验式、情境式、主动式的学习课堂》作者。

他倡导以学生为中心的个性化学习与真实性学习，同时引领着面向未来的数字化学习。他被教育策略机构（PR with Panache）评为"2017年度教育思想领袖"。

重新定义 教育

为核心素养而教，为生存能力而学

ISBN：978-7-5153-6994-5
作者：[美] 托尼·瓦格纳
2023-09　定价：59.90元
上架建议：教育理论

内容简介： 没完没了的考试、成绩、成功、上名校压得学生和父母喘不过气来。今天的学校与真实世界之间仿佛隔着一道巨大的鸿沟，学校安排的教学和考试、学校对学生的期待，与这个社会对学生的要求，以及学生认可的激励方式有着天壤之别。

本书直击教育痛点，揭示了学校、教师、家长、学生直面未来的发展路径，为落实培养核心素养提供实用方案，让孩子为求学、就业、未来生存做好准备。各界领袖精准点评、教育界齐声称赞，北京第一实验学校校长李希贵、斯坦福大学教育学教授琳达·达林-哈蒙德等人倾情推荐。

阅读本书，你将跟随作者打开学校教育的黑匣子，为学生释放出7种决胜未来的生存力，洞察培养出有竞争力、具备解决实际问题的能力、充满好奇心与想象力、技能娴熟的人才的底层逻辑。你将了解深化教学改革的实践模式，如何围绕学生核心素养培养进行教学设计、考试命题与评价，以及如何重新定义教学中的"精准"。